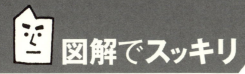

ストック・オプションの会計・税務入門

新日本有限責任監査法人［編］

中央経済社

発刊にあたって

　会計に携わる方なら,「基準や実務指針,解説書を読んでみたが,難解でわからなかった」といった経験があるのではないでしょうか。本書は,図解やキャラクター,そして専門用語でない一般用語を用いた解説で,会計処理に関するもやもや感を「スッキリ」させることをねらいとしています。

　本書のテーマはストック・オプションです。ストック・オプションについては,無償のものに加え,近年,有償のものが実務で活用されています。「ストック・オプション等に関する会計基準」作成当時は,この有償のストック・オプションの想定がされていなかったため,会計処理が明確となっていませんでした。そこで「従業員等に対して権利確定条件付き有償新株予約権を付与する取引に関する取扱い」が平成30年1月12日に公表されました。

　本書では,この新しい会計基準も盛り込み,ストック・オプションのしくみ・活用方法,発行までの流れ,価値の測定方法,会計・税務の取扱い等を総合的に解説しています。本書が皆様の理解に少しでも役立つことができれば幸甚です。

　最後に,本書執筆にあたり,アドバイスいただきました株式会社中央経済社の末永芳奈氏にこの場をお借りして御礼を申し上げます。

平成30年2月

新日本有限責任監査法人　筆者一同

本書の読み方

①原則，1見開き1テーマです。まずテーマを把握しましょう。テーマ別なので，知りたいor調べたいところだけのつまみ食いもOK！

新株予約権とは？

新株予約権は株式を取得できる権利

新株予約権とは，株式を取得できる（交付を受けることができる）権利であり，下記のように定義されます。

① 新株予約権を発行した会社から
② **あらかじめ定められた条件**で株式を取得できる
③ **権利**（行使する・しないが選択できる）

「②あらかじめ定められた条件」とは，たとえば「A社の株式を1株100円で買える」といった行使価格（株式の購入価格）などがあります。権利なので，「株価＜行使価格（行使すると損する）」の場合は，行使する必要はありません。この「得はするが損はしないという権利」を取得するために，通常，お金を支払います（右ページの場合，10円）。

なお，**新株予約権**という名前ではありますが，株式が新規発行されるとは限りません。会社の持つ自社株式が交付される場合もあります（§3-6）。

> **Check! 買う権利，売る権利**
> あるモノを将来のあらかじめ定められた期日までに，定められた価格で買うまたは売る権利のことを「オプション」といいます。ストック・オプションもその一種で，株式を買う権利として「オプション」という名前がついています。オプションを持つ人は，モノの価格を見ながら，権利を行使するかどうかを決められます。「得はするが損はしないという権利」であるため，通常，オプションには価値があります。

---

②右ページの図解と合わせ，読み進めていきましょう。重要な用語は，Key Wordとして強調し，+αの知識は，Check！として紹介します。

③スッキリ丸の疑問や発見により，つまずきやすい点，論点を把握することができます。

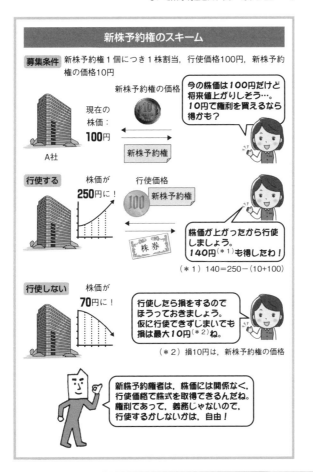

スッキリ丸

Contents

発刊にあたって
本書の読み方
ストック・オプションの流れ
 Scene 1 ストック・オプションの付与日 *8*
 Scene 2 同僚のざっくり君が会社を辞める *9*
 Scene 3 祝！ 権利が確定した *10*
 Scene 4 権利行使期間スタート *11*
 Scene 5 ついに権利行使！ *12*
用語！ *13*

§1 新株予約権とストック・オプション ……… 1

1-1	新株予約権とは？ …………………………… 2
	新株予約権は株式を取得できる権利

1-2	ストック・オプションとは？ ……………… 4
	労働や財貨またはサービスの対価

1-3	ストック・オプションと新株予約権の関係は？ … 6
	ストック・オプションは新株予約権の一形態

1-4	新株予約権の目的 ………………………… 8
	発行目的により種類はいろいろ

1-5	無償ストック・オプションの分類 ………… 10
	+αの報酬か，金銭報酬の代替か？

1-6	新株予約権の会計処理は？ ……………… 12
	内容により3パターン

COLUMN 従業員のモチベーションの高め方 ……… 14

§2　ストック・オプションの特徴と活用方法 …… 15

- **2-1** 上場を目指す会社の場合 …………………… 16
  優秀な人材の雇用や資本政策に活用
- **2-2** 上場会社の場合① ……………………………… 18
  従業員に対する報酬
- **2-3** 上場会社の場合② ……………………………… 20
  役員に対する報酬
- **2-4** 上場会社の場合③ ……………………………… 22
  役員に対する退職慰労金
- **2-5** 外部協力者への発行 …………………………… 24
  役務提供の対価としての活用
- **2-6** 新たなストック・オプション ………………… 26
  有償ストック・オプション
- **2-7** ストック・オプションのメリット・デメリット …… 28
  3つの視点からストック・オプションを見る
- **2-8** 日本版ESOP …………………………………… 30
  信託を利用した株式報酬制度
- **2-9** リストリクテッド・ストック ………………… 32
  現物株式を付与する報酬
- **2-10** 各種株式報酬の比較 …………………………… 34
  ストック・オプションに類似した株式報酬の相違
- **COLUMN** グループ経営の人事政策にも用いられる？ ………… 36

§3 ストック・オプションの発行から行使まで …… 37

- **3-1** ストック・オプション発行で既存株主は不利益を受ける？ …………… 38
  経済面の影響と議決権への影響
- **3-2** 不利益を受ける株主を守るには？ ………… 40
  不利益を受ける場合は株主総会での特別決議が必要
- **3-3** 発行手続の流れ① ………………………… 42
  発行内容をデザインする
- **3-4** 発行手続の流れ② ………………………… 44
  会社法上の手続
- **3-5** 権利確定条件を付ける場合 ……………… 46
  勤務条件のほか，業績や株価の条件も？
- **3-6** 権利行使を要求されたら ………………… 48
  新株発行と自社株式交付の2パターン
- **3-7** 権利行使には期間がある ………………… 50
  期間中に行使しないと失効する
- **COLUMN** 買収防衛策としての新株予約権！？ ……………… 52

§4 無償ストック・オプションの会計処理 ……… 53

- **4-1** ストック・オプション会計基準の適用範囲 …… 54
  従業員以外への新株予約権や自社株式の付与も含む
- **4-2** ストック・オプションは費用認識すべきか① …… 56
  労働の対価なのに会社の資金負担がない
- **4-3** ストック・オプションは費用認識すべきか② …… 58
  新株発行の義務があるが，負担は既存株主が負う？

4-4	費用認識時の問題点 …………… 60

相手勘定と費用計上額

4-5	費用の相手勘定は？ …………… 62

株式を発行する義務は負債？　株主資本？

4-6	株式報酬の測定方法① …………… 64

ストック・オプションの公正な評価単価を算定する

4-7	株式報酬の測定方法② …………… 66

ストック・オプションは付与日に測定する

4-8	株式報酬の測定方法③ …………… 68

権利確定数を見積もる

4-9	株式報酬費用の按分方法 …………… 70

サービスの提供期間と権利確定日の関係

4-10	ストック・オプションの会計処理 …………… 72

会計処理のコンセプトを理解しよう！

4-11	権利確定前の会計処理① …………… 74

権利確定日が固定的な場合

4-12	権利確定前の会計処理② …………… 76

権利確定条件によりサービスの提供期間の考え方が変わる！

4-13	失効時・行使時の会計処理 …………… 78

失効のタイミングで会計処理が変わる！

4-14	財貨またはサービスの対価として新株予約権等を付与する場合の会計処理 …………… 80

より高い信頼性をもって測定可能な評価額で測定

COLUMN　時代を映し出すストック・オプション!? …………… 82

§5 権利確定条件付き有償ストック・オプションの会計処理 …… 83

5-1 有償ストック・オプションのスキームは？ …… 84
「権利確定条件付き新株予約権の公正な評価額」の計算方法

5-2 有償ストック・オプションの対価は金銭だけ？
労働も対価とするか否かで議論が分かれる ………… 86

5-3 有償ストック・オプションの会計基準とは？ …… 88
金銭と労働の両方を対価とする新株予約権の会計処理

5-4 有償ストック・オプション会計基準の範囲①
対価が「お金と労働の混合」のものをさがせ！ …… 90

5-5 有償ストック・オプション会計基準の範囲②
勤務条件がない場合も適用範囲に含める理由 ……… 92

5-6 有償ストック・オプション会計基準の範囲③
付与対象者は「従業員等」の場合に限定される ……… 94

5-7 有償ストック・オプションの会計処理① …… 96
大半は無償ストック・オプション会計基準に準拠

5-8 有償ストック・オプションの会計処理② …… 98
払込部分の会計処理

5-9 有償ストック・オプションの会計処理③ … 100
報酬部分の会計処理

5-10 有償ストック・オプションの会計処理④ … 102
株式報酬費用の総額が意味するところ

5-11 会計基準の適用時期
適用日前に付与した取引の処理は？ ………………… 104

COLUMN アメだけでない
ムチにもなるストック・オプション!? ………… 106

§6 ストック・オプションの評価方法 …………… 107

- 6-1 ストック・オプションの評価方法 ………… 108
  評価方法は，他のオプション取引と同じ
- 6-2 オプションの価値とは？ …………………… 110
  オプション価値は2つの構成要素に分けられる
- 6-3 ストック・オプションの価値を左右するもの① ……………………………………… 112
  行使価格と株価
- 6-4 ストック・オプションの価値を左右するもの② ……………………………………… 114
  株価変動性（ボラティリティ）
- 6-5 ストック・オプションの価値を左右するもの③ ……………………………………… 116
  満期までの期間
- 6-6 ストック・オプションの価値を左右するもの④ ……………………………………… 118
  満期までの配当
- 6-7 ストック・オプションの価値を左右するもの⑤ ……………………………………… 120
  無リスク利子率
- **COLUMN** 評価額の算定に係る内部統制は不要か？………… 122

§7 ストック・オプションの税務処理 ……… 123

- **7-1** 所得税の考え方① ……………… 124
  個人が時価発行の新株予約権を取得した場合
- **7-2** 所得税の考え方② ……………… 126
  個人が有利発行の新株予約権を取得した場合
- **7-3** 所得税の考え方③ ……………… 128
  個人が税制適格ストック・オプションを取得した場合
- **7-4** 所得税の考え方④ ……………… 130
  税制適格ストック・オプションの適格要件／所得税の考え方のまとめ
- **7-5** 法人税の考え方① ……………… 132
  法人が新株予約権を取得した場合の課税関係
- **7-6** 法人税の考え方② ……………… 134
  発行法人の課税関係
- **7-7** 法人税の考え方③ ……………… 136
  発行法人における役員と従業員の取扱いの相違点
- **7-8** 法人税の考え方④ ……………… 138
  発行法人の新株予約権失効時，税効果会計の取扱い
- **7-9** リストリクテッド・ストックの考え方 …… 140
  発行法人の税務上の取扱い
- **COLUMN** ベンチャー企業でのストック・オプションの活用 ‥ 142

ストック・オプションの流れ

付与 〉 権利確定前 〉 権利確定 〉 行使開始 〉 権利行使

Scene 1　ストック・オプションの付与日

○×株式会社では，従業員の士気を高めるため，ストック・オプションを発行することになりました。付与対象者は，3年以上の勤務経験を持つ全員です。スッキリ丸君とざっくり君も10個ずつ付与されることとなり，2人はわくわくしています。

ストック・オプションっていうのは，会社の株式をあらかじめ決められた条件で買える権利らしいね。この条件の場合，行使価格が1株につき100円だから，株価が高騰していても，100円で買えるんだって。

新株予約権の目的である株式の数：新株予約権1個につき1株
新株予約権の金額：無償
行使価格：100円（付与日であるX1年7月1日の株価）
権利確定条件：（①②両方の達成が必要）
　　①営業利益10億円以上を達成すること
　　②X3年7月1日まで会社に在籍すること
権利行使期間：X3年7月1日～X10年6月30日
新株予約権の行使条件：○×株式会社の従業員または取締役であること
新株予約権の譲渡：譲渡はできない

付与日にさっそく，「権利行使します！」という2人に対し，総務部のAさんは，冷ややかに指摘します。「今日は，まだ付与されただけです。権利確定条件を満たさないと権利は確定しません。それに権利行使期間はX3年7月1日からなので，あと2年は権利行使できませんよ。」

教訓
一，ストック・オプションの付与＝権利確定ではない。
二，ストック・オプションには権利行使期間が定まっている。

```
付与 〉 権利確定前 〉 権利確定 〉 行使開始 〉 権利行使
```

Scene 2　同僚のざっくり君が会社を辞める

　ストック・オプションが発行されてから1年が過ぎたある日，スッキリ丸君は，深刻な顔のざっくり君からこう告げられました。

諸事情で会社を辞めることになったんだ。そうしたら，総務部のAさんに「新株予約権の権利確定条件にX3年7月1日まで会社に在籍することがあるので，あなたは権利不確定で失効」といわれたんだ。残念。

ざっくり君

　ストック・オプションには，「従業員等に会社でがんばって働いてもらいたい」という目的があるので，権利確定条件に「○年まで在籍」といった勤務条件を付けることがしばしばあります。勤務条件を明記しない場合も，行使条件に「従業員（または取締役）であること」という条件が付いていれば，同様の効果となります。これから辞めるざっくり君は，今後権利行使できませんし，権利確定前なので従業員である「今」も，権利行使できません。このように権利確定前に失効することを「権利不確定の失効」といいます。

　なお，退職しないスッキリ丸君にこの権利を譲渡すればよいかというと，それもできません。従業員等の士気を高めることを目的とするストック・オプションでは，譲渡を認めない場合が通常で，今回のストック・オプションでも，例外ではありません。

> **教訓**
> 一，一般的な条件のストック・オプションでは，権利確定前に会社を辞めると，失効する。
> 二，ストック・オプションは一般に譲渡禁止である。

> 付与 > 権利確定前 > **権利確定** > 行使開始 > 権利行使

Scene 3　祝！　権利が確定した

　ストック・オプションの付与と権利確定は，必ずしもイコールではありません。権利確定条件を付ける場合があります。権利確定条件は大きく2つに分かれます。

　1つは，業績条件で，一定水準以上の利益達成や株価が挙げられます。もう1つは，「○年○月○日まで在籍する」といった勤務条件です。

　ストック・オプション付与後初めての決算期であるX2年3月期の営業利益は7億円と業績条件を満たしませんでした。しかし，X3年3月期の業績（X3年5月に確定）は，11億円の営業利益となり，業績条件が達成されました。そこで勤務条件達成日であるX3年7月1日時点に会社に在籍する従業員または取締役のストック・オプションの権利が確定しました。

権利確定条件を達成して良かったなぁ。仮にX3年3月期の営業利益が10億円未満なら，どうなったのかな？

　勤務条件のように達成状況が個人による場合は，辞めた者のみが失効します（Scene 2参照）が，業績条件を達成しなかった場合は，付与対象者全員の権利が失効します。

　なお，権利確定条件の設定はさまざまで，複数の条件がある場合も，片方の達成で権利が確定する場合と，両方の達成が必要な場合があります。

教訓
一，勤務条件を達成しない個人は，失効する。
二，業績条件が達成されないと，全員が失効する。

> 付与 〉 権利確定前 〉 権利確定 〉 **行使開始** 〉 権利行使

Scene 4　権利行使期間スタート

　X3年7月になり，ついに権利行使期間がスタートしました。スッキリ丸君がさっそく権利行使の手を挙げると，みんなに失笑されてしまいました。そのときの株価は，行使価格より低く，権利行使するより市場で買うほうが得だったからです。

> 行使価格100円に対し，株価90円が…。法的に権利確定したといっても，経済的観点に立つと，権利行使できないということか。もし，ずっと株価が回復しないとどうなるんだろう？

　株価が行使価格より低いまま，行使期間が終了することもあります。そのような場合は権利が失効してしまいます。株価の様子見をしているうちに株価が下がり，行使の機会を逸してしまう場合もあります。

　Scene 2でも失効の状況が生じていましたが，権利確定後に行使できなかった（または，しなかった）ことで失効した場合を，「権利不行使による失効」といいます。

　行使開始時に行使できなくても，権利行使期間中に，株価が回復すれば，行使できます。権利行使期間終了まであと7年あるので，まだまだチャンスはあります。

教訓
一，株価＜行使価格だと行使すると損する。
二，行使期間中に株価が行使価格を超えないと，権利行使できない。

> 付与 > 権利確定前 > 権利確定 > 行使開始 > **権利行使**

Scene 5　ついに権利行使！

　X5年の12月にスッキリ丸君は，待望の権利行使をします。権利行使に際しては，「行使価格×株式数」の金額を会社に払い込む必要があります。

行使価格が100円で10株分だから1,000円払えばいいね。今の株価は170円だから，今，もし売ったら，1,700円。700円の含み益が生じてるぞ！

　権利行使をすることで株主になるため，後は，自分の好きなときに売買することができます。すぐに売って利益を確定してもいいですし，そのまま株主であり続けることもできます。

　　　　　　　　　　＊　　　　　＊　　　　　＊

　X10年6月30日にX1年7月1日に発行したストック・オプションの権利行使期間が終了しました。その時点で権利行使されていないストック・オプションが残っている場合は，権利不行使による失効となります。

教訓
一，権利行使時には，行使価格×株式数の払込が必要。
二，権利行使期間中に行使されないと失効する。

「新株予約権」と「ストック・オプション」

新株予約権は，ある会社の株式をあらかじめ定められた条件で取得できる権利である。ストック・オプションは，新株予約権の一形態で，役員や従業員等に付与されるものである。

新株予約権の「発行価額」「取得価額」「行使価格」

新株予約権の発行価額	新株予約権自体の対価。取得者が従業員等であるストック・オプションの場合，金銭の支払いはなし，つまり，発行価額が0円の場合もある。
新株予約権の取得価額	発行価額が発行会社から見た概念であるのに対し，取得価額は取得者から見た概念。基本的に両者は同じだが，取得価額に付随費用が含められる点のみ異なる。
新株予約権の行使価格	新株予約権を行使して，株式を取得する場合の1株当たりの価格。行使価格は，発行時に定められており，株価の影響を受けない。

新株予約権の「発行」「割当」「付与」「取得」

同じ事象を表す言葉であるが，誰から見たかという視点等が異なる。

新株予約権者　　　　　　　　　　会社

【新株予約権の発行】

　会社側から見た言葉。新株予約権を作り，流通させるという意味合いが強く，「誰に対して」という意味合いは弱い。

【新株予約権の割当・付与】

　会社側から見た場合に，ある者に対し，新株予約権を与えることを意味する言葉。割当も付与も同義で用いられる。割当は会社法で，付与は会計で使われる場合が多い。

【新株予約権の取得】

　新株予約権者（受け取る側）から見た言葉。タイミングは割当（付与）と同じ。なお，ストック・オプションの場合は，権利確定条件が付く場合があり，付与＝行使可能ではない（右ページ参照）。

「公正発行」「時価発行」「有利発行」

会社法と税法で意味と範囲が異なるので注意が必要。

1．会社法の場合

【公正発行】新株予約権を**公正価値**と同等の対価で発行すること。
【有利発行】新株予約権を**公正価値**より低い対価で発行すること。
＊対価に金銭だけでなく，労働等を含めることができるため，従業員等から提供される労働が対価に見合っている場合（例：無償ストック・オプション）は，公正発行とされる。

2．税法の場合

【時価発行】新株予約権を**時価**（＝公正価値）で発行すること。
【有利発行】新株予約権を**時価**より低い対価で発行すること。
＊対価に労働等を含まず，無償ストック・オプションは有利発行とされる。

無償ストック・オプションと有償ストック・オプション

「無償か,有償か」というのは,付与対象者がストック・オプションの対価として,発行会社に対し,金銭を払っているか否かということ。「無償=ただ」ということではなく,金銭以外に労働(付与対象者が外部者の場合,財貨やサービス)の提供も対価として考える(会社法の場合)。

無償ストック・オプションは,労働等の提供が対価であると考えられている。有償ストック・オプションについては,付与対象者が付与時点のストック・オプションの価値に見合う金額を会社に支払うため,対価が金銭だけか,労働等も含むのかについて,従来,説が分かれていた。

対価を構成するもの	無償ストック・オプション	有償ストック・オプション
金銭	×	○
労働等	○	説が分かれていたが,新基準策定に当たり,整理された。

なお,有償ストック・オプションは,近年普及してきたものであり,新基準策定前は,会計上,取扱いが定まっていなかった。また税務上は,現在も定まったルールはなく,デリバティブ取引として扱われる。

「税制適格ストック・オプション」「税制非適格ストック・オプション」のいずれも,無償ストック・オプションを前提の概念である。

§1 新株予約権とストック・オプション

みなさんの中には，新株予約権とストック・オプションは同じものだと思っている人も多いのではないでしょうか？　しかし，ストック・オプションは，新株予約権の一形態なのです。
この章では，こういった基本的な事項について説明します。

まずは，新株予約権とストック・オプションのイメージを持とう。

1-1 新株予約権とは？

新株予約権は株式を取得できる権利

　新株予約権とは，株式を取得できる（交付を受けることができる）権利であり，下記のように定義されます。

> ① 新株予約権を発行した会社から
> ② **あらかじめ定められた条件**で株式を取得できる
> ③ **権利**（行使する・しないが選択できる）

　「②あらかじめ定められた条件」とは，たとえば「A社の株式を1株100円で買える」といった行使価格（株式の購入価格）などがあります。権利なので，「株価＜行使価格（行使すると損する）」の場合は，行使する必要はありません。この「得はするが損はしないという権利」を取得するために，通常，お金を支払います（右ページの場合，10円）。

　なお，**新**株**予**約権という名前ではありますが，株式が新規発行されるとは限りません。会社の持つ自社株式が交付される場合もあります（§3-6）。

> **Check!　買う権利，売る権利**
> 　あるモノを将来のあらかじめ定められた期日までに，定められた価格で買うまたは売る権利のことを「オプション」といいます。ストック・オプションもその一種で，株式を買う権利として「オプション」という名前がついています。オプションを持つ人は，モノの価格を見ながら，権利を行使するかどうかを決められます。「得はするが損はしないという権利」であるため，通常，オプションには価値があります。

§1 新株予約権とストック・オプション 3

新株予約権のスキーム

募集条件 新株予約権1個につき1株割当，行使価格100円，新株予約権の価格10円

現在の株価：**100円**
A社

新株予約権の価格

←―――→

今の株価は100円だけど将来値上がりしそう…。10円で権利を買えるなら得かも？

行使する

株価が **250円に！**

行使価格

新株予約権

株券

株価が上がったから行使しましょう。140円(*1)も得したわ！

(*1) 140＝250－(10+100)

行使しない

株価が **70円に！**

行使したら損をするのでほうっておきましょう。仮に行使できずじまいでも損は最大10円(*2)ね。

(*2) 損10円は，新株予約権の価格

新株予約権者は，株価には関係なく，行使価格で株式を取得できるんだね。権利であって，義務じゃないので，行使するかしないかは，自由！

1-2 ストック・オプションとは？

労働や財貨またはサービスの対価

　ストック・オプションという言葉の意味には，狭義と広義があります。

　狭義のストック・オプションは，「ストック・オプション等に関する会計基準」で定義されるもので，会社が使用人や役員など（以下「従業員等」）に，新株予約権を**労働の対価（報酬）**として与えるものを指します。§1-1で新株予約権を取得するのに通常はお金を支払うと説明しましたが，ストック・オプションの場合，従業員等は会社に労働を提供し，その見返りとしてストック・オプションを入手しますので支払いは行われません。ストック・オプションは行使価格が決まっているので，株価が上がれば株価と行使価格の差が従業員等の収入になります。特に上場準備中の会社の場合，会社が上場すれば，その収入は大きなものとなります。つまり，ストック・オプションは，「会社の資金が流出しない」「頑張り次第（または運）で額が増える可能性がある」報酬といえます。

　広義のストック・オプションは，従業員等に労働の対価として与える場合だけでなく，会社が受け取る財貨またはサービスの取得の**対価**として従業員以外の者に与える場合も含みます。こちらも，対価として付与される点は同じですが，付与先は限定されておらず，対価の対象も財貨またはサービスと広くとらえています。一般的にストック・オプションというと，この広義の意味で用いられていることが多いようです。

無償でストック・オプションを付与すると？

行使条件 ストック・オプション1個につき1株割当，行使価格100円

現在の株価：**100円**

←労働力—
ストック・オプション→

「ボーナスとしてもらったストック・オプション。今の株価は100円だけど仕事を頑張って会社の業績が上がればもっと株価も…！」

行使する

業績Upで株価が **250円に！**

 行使価格

ストック・オプション →

← 株券

「仕事を頑張ったら会社の業績が上がったわ！株価も上がったから行使しましょう。150円(*)も得したわ！」

(*) 150＝250－100

ストック・オプションを付与することで，
- 会社は，資金流出なく報酬を支払える！
- 従業員は，業績Upに向かってモチベーションUp！

Win-Winの関係だね！

1-3 ストック・オプションと新株予約権の関係は？

ストック・オプションは新株予約権の一形態

　§1-1と§1-2で新株予約権とストック・オプションを見てきました。「結局，同じなんじゃないの？」と思われた方も多いのではないでしょうか？　しかし，両者は，同義ではありません。

　改めて整理しますと，新株予約権は，新株予約権を発行した会社から，あらかじめ定められた条件で株式を取得できる権利です。一方，ストック・オプション（広義）は，この新株予約権のうち，財貨またはサービスの**対価**として付与されるタイプのものです。つまり，ストック・オプションは新株予約権の一形態なのです。

　「会社が受け取った財貨またはサービスの対価として付与する新株予約権（ストック・オプション）」なのか，「対価としてでなく付与する新株予約権（例　取得者がお金を払い込む）」なのかが重要なポイントであり，今後説明していく会計処理にも大きく影響してきます。

Check! 従業員等以外って，どんな人にあげるの？

　§1-2で説明したように，広義のストック・オプションは，従業員等以外も対象となります。具体的には仕入先や得意先，顧問弁護士や顧問税理士など社外の取引先にも付与することができます。ストック・オプションを付与することで，会社は資金負担なく社外の取引先に報酬などを支払えるとともに，社外の取引先に対して，会社の業績向上に協力しよう！　という意識を持ってもらうことができます。

新株予約権とストック・オプションの関係

新株予約権
【定義】発行した会社に対し権利を行使することで，あらかじめ定められた条件でその会社の株式の交付を受けられる権利
■新株予約権付社債
■単独の新株予約権
■既存株主に対して割り当てる新株予約権

ストック・オプション（広義）
【定義】会社が財貨またはサービスの対価として付与する新株予約権
■財貨またはサービスの対価として付与するストック・オプション

ストック・オプション（狭義）
【定義】会社が従業員等（従業員のほか，取締役，会計参与，監査役，これに準じる者含む）に，報酬として付与する新株予約権
■無償ストック・オプション
■有償ストック・オプション

代表的な新株予約権の関係を図で整理してみたよ。
種類については，目的別に§1-4で説明しているよ。

1-4 新株予約権の目的

発行目的により種類はいろいろ

　新株予約権には，いろいろな発行目的のものがあります。

　まずは，**インセンティブ**としての新株予約権で，ストック・オプション（§1-2）がこれに該当します。従業員等に付与することで，モチベーションを高め，会社の業績向上を狙います。権利確定条件（§3-5）に業績条件を付ければ，効果がさらに高まります。

　次に，**資金調達を目的**とした新株予約権があります。代表的なものが新株予約権付社債です。発行会社からすると償還義務があり，利息も支払う必要がありますが，新株予約権という特典が付されている分だけ利率が抑えられていたり，新株予約権が行使されれば，社債が充当され償還義務がなくなったりと，通常の社債よりも有利な条件で発行できます。

　さらに，**敵対的買収からの防衛**を目的とした新株予約権があります。既存株主等にポイズン・ピル条項を付した新株予約権を発行しておき，それを行使することで敵対的買収に対抗することができます。

🔑 Key Word　インセンティブ

　インセンティブ（incentive）とは，刺激，動機，誘因を意味する言葉で，人の意欲を引き出すために与える外部からの刺激を指します。ビジネスの観点では，会社が目標達成のために従業員等に与える報酬の仕組み，または報酬それ自体を指します。ストック・オプションは会社の株価に連動する報酬であり，さらに業績条件が付されることもあるなど，インセンティブの典型的な例といえます。

新株予約権の種類

■インセンティブ目的

ストック・オプションの付与

従業員等の
モチベーションUp!

■資金調達目的

新株予約権付社債の発行

社債＋新株予約権

投資家
（個人・法人）

有利な資金調達が
可能になる！

金利が0.1％低いが
新株予約権が付いて
いるなら，いいかな…。

■敵対的買収からの防衛目的

敵対的
買収者

よっしゃ！
過半数買い占めたぞ！

ポイズン・ピル
条項付き
新株予約権

ガーん。
議決権比率が
下がった…。

1-5 無償ストック・オプションの分類

＋αの報酬か，金銭報酬の代替か？

　無償ストック・オプションは，従業員等に報酬として付与する新株予約権であり，取得に際し，従業員等が金銭の払込をしないものです。発行目的はさまざまですが，報酬の性格から2つのタイプに分かれます。

① ＋αの報酬的性格を持つもの

　業績を意識した従業員の頑張りを引き出すために**金銭報酬のほかに**，株価連動型の報酬として，ストック・オプションを発行する場合があります。このタイプの行使価格は，通常，付与時の株価以上に設定されます。頑張って業績を上げると，**＋αの報酬**が手にできるということです。裏を返すと**株価が付与時以下だと価値がゼロ**になってしまいます。税務面では税制適格の要件を満たすことが多く，その場合は有利です（§7-3参照）。

② 金銭報酬の代替的性格を持つもの

　金銭報酬の代替としてストック・オプションを発行することがあります。たとえば役員退職慰労金の代わりに発行するような場合（§2-4）です。このタイプの行使価格は，通常，1円に設定されます。行使価格が1円のため，①の場合より報酬額は大きく，**また価値がゼロになることはありません**。①が＋αの報酬であるのに対し，②が金銭報酬の代替と考えると，納得ですね。税務面では税制適格の要件を満たさないので，その点は不利です。

　①・②に決まった呼び名はありませんが，この本では，①を通常型ストック・オプション，②を株式報酬型ストック・オプションと呼びます。

通常型 vs 株式報酬型，どっちがお得？

【前提】
　付与時の株価100円，通常型の行使価格100円（その他の点も，税制適格ストック・オプションの要件を満たす），株式報酬型の行使価格1円とする。株価上昇時（株価：150円），株価下落時（株価：70円），課税時では，いずれのタイプが有利か？

	通常型 ストック・オプション	株式報酬型 ストック・オプション
株価上昇時 （株価：150円）	行使した場合，1株当たり50円の経済的利益が生じる	行使した場合，1株当たり149円の経済的利益が生じる
株価下落時 （株価：70円）	行使できない（したら，損をする）	行使した場合，1株当たり69円の経済的利益が生じる
課税時	課税時点が株式売却時（納税資金の裏付けがある）である点で有利。譲渡所得への課税のため，最高でも20％の税率	行使時に給与所得等に課税される。資金的裏付けがない点，所得により高い税率という点で不利

利益の最大化と税制面の優遇は両立しないんだ…。

1-6 新株予約権の会計処理は？

内容により3パターン

新株予約権はその内容により3パターンの会計処理があります。

内容	適用される会計基準等
無償ストック・オプション（§1-5）	ストック・オプション等に関する会計基準
有償ストック・オプション（＊）	従業員等に対して権利確定条件付き有償新株予約権を付与する取引に関する取扱い
上記以外の現金を対価とする新株予約権	払込資本を増加させる可能性のある部分を含む複合金融商品に関する会計処理

（＊） 新株予約権取得の際、取得者が会社に新株予約権の対価に相当する額の金銭を払い込むもの（§5参照）

　無償のストック・オプションには「ストック・オプション等に関する会計基準」、有償のストック・オプションには新しい会計基準である「従業員等に対して権利確定条件付き有償新株予約権を付与する取引に関する取扱い」がそれぞれ個別に設定されており、それらの会計基準が適用されます。

　それ以外の現金を対価とする新株予約権は、「払込資本を増加させる可能性のある部分を含む複合金融商品に関する会計処理」が適用されます。

§1 新株予約権とストック・オプション 13

新株予約権に関連する3つの会計基準

新株予約権

- 無償ストック・オプション
- 有償ストック・オプション
- ストック・オプション以外の新株予約権（例 新株予約権付社債）

- 「ストック・オプション等に関する会計基準」
- 「従業員等に対して権利確定条件付き有償新株予約権を付与する取引に関する取扱い」
- 「払込資本を増加させる可能性のある部分を含む複合金融商品に関する会計処理」

> 無償と有償のストック・オプションには別の会計基準が適用される。
> それ以外の新株予約権には同一の会計基準が適用されるよ。

従業員のモチベーションの高め方

　従業員は，金銭的な給与・報酬によってのみ，モチベーションが高まるものではありません。

　あるモチベーションの理論によると，従業員のモチベーションは，経営方針や上司・同僚との関係，給与・報酬などの環境によって維持され，仕事の内容や役割・責任，昇進や成長の機会などの動機付けによって高まるそうです。しかし，これらのどの要因がモチベーションに影響するかは，従業員の特性，つまり従業員が「企業に何を求めているのか」によって千差万別であり，一概に決めることはできません。

　従業員のモチベーションを高めるために，非金銭的な給与・報酬を活用する企業も増えているようです。特別休暇，ギフトカード，表彰制度，従業員とその家族への食事券など，企業によってあらゆる手法を取り入れています。

　会社が持続的に成長していくためには，従業員のモチベーションを高く維持することが欠かせません。従業員の特性を理解して，金銭的な給与・報酬のみならず，さまざまな要因をバランスよく勘案して従業員のモチベーションを高めていくことが重要です。

§2 ストック・オプションの特徴と活用方法

ストック・オプションはどのような特徴があり，どのような場面で活用されるのでしょうか。また，企業を取り巻くさまざまな利害関係者に対して，どのようなメリット・デメリットを与えるのでしょうか。
ここではストック・オプションの種類と会社別の活用方法，各利害関係者の得られるメリット・デメリットについて説明します。

ストック・オプションはどんな時に効果的なんだろう？

2-1 上場を目指す会社の場合

優秀な人材の雇用や資本政策に活用

　成長ステージに位置する非上場会社の場合，上場や将来の成長を考えると，優秀な人材の確保が必要不可欠となります。しかし，このようなステージでは，必ずしも人材確保のために潤沢なキャッシュがあるとは限りません。そこで会社は従業員にストック・オプションを付与します。上場達成後に権利行使をすれば行使価格と株価との差額が従業員の報酬となるため，高給を提示しなくても，優秀な人材の雇用が可能になるのです。

　ストック・オプションは資本政策にも役立ちます。ベンチャーキャピタル等から出資という形で資金調達をすると，返済不要のキャッシュが得られますが，経営者の議決権比率が下がり，経営が不安定になるおそれがあります。こうした場合，事前に経営者にストック・オプションを付与しておけば，都合の良い時期に株式購入することで，経営者の議決権比率の低下を防止することが可能となります。

> **Check!　事業承継や相続にも活用できる**
>
> 　オーナー企業の場合，後継者への事業承継や相続のために，生前贈与の方法が取られることがあります。生前贈与の場合，長期間にわたって株式を少しずつ後継者へ移すため，早期に相続が発生した場合の経営権維持対策としては不十分です。ストック・オプションを活用することで，贈与にかかる期間，株式評価面での問題点をカバーすることが可能となります。

2-2 上場会社の場合①

従業員に対する報酬

　上場会社において、企業価値の向上は課題の1つですが、そのためには長期的な企業価値向上へのモチベーションを従業員に与える必要があります。

　そこで、ストック・オプションの活用が有効な手段となります。従業員自らが業績を上げ、連動して株価が上がれば、ストック・オプション行使時の収入がそのまま従業員の収入につながるからです。

　ただし、従業員に金銭的な負担が生じないようにストック・オプションを付与する際、以下の2点に留意する必要があります。

> ① **ストック・オプションによる報酬の比率**
> 　株価が下落すると報酬額が減少する。従業員には業績責任はないこと、生活水準の保障の必要から、報酬比率は一定以下にすべき
>
> ② **権利行使時の課税関係**
> 　権利行使し株式を取得すると、時価と行使価格の差が利益となり、課税対象となるが、資金的裏付けがない(付与された者に経済的負担がかかる)

　上記の留意事項をカバーするために、従業員向けのストック・オプションは税制適格要件(**§7-3, 7-4**)を満たすものが多く見られます。

上場会社における従業員報酬制度

我々のインセンティブが高まるような報酬なら，仕事を頑張って業績を上げようと思うのになぁ…

このような従業員のモチベーションだと，わが社は危機的な状況になってしまう。なにかいい報酬制度はないだろうか…

社長

そこで，ストック・オプションの登場です！

ストック・オプションがあれば…

業績を上げて株価が上がれば，ストック・オプション行使時に収入になるよ！
よし，業績を上げるために，頑張るぞ！

2-3 上場会社の場合②

役員に対する報酬

　日本に古くからある多くの上場企業においては，役員報酬が固定化しており，他の国と比較するとその報酬金額が低く，企業価値向上へのインセンティブに結び付きにくいといった課題があります。

　一方，上場したばかりの企業では，上場前からいる役員とその後の役員で不平等が生じます。すなわち，上場前にストック・オプションを与えられた役員は，上場時に大きなキャピタルゲインを手に入れたのに，その後迎えられる役員は，そうした報酬を得られないのです。このような場合，優秀な経営陣を継続的に確保しづらく，また，企業価値向上へのインセンティブが働きにくい状態です。

　さらに近年は経営責任を役員報酬に反映させようという潮流も出てきました。これにより業績連動型の報酬であるストック・オプションのニーズが高まっています。

　これらの課題を解決する手段として，**株式報酬型**ストック・オプション（**§1-5**）が用いられています。**株式報酬型**ストック・オプションでは，行使価格を低額に設定するため，株価が上昇した場合はもちろんのこと，下落した際にも株価と行使価格の差が報酬として保障されている点がメリットです。そのうえで，権利行使可能期間を長期間に設定すると，中長期的な企業価値の向上分が報酬として実現するため，役員にとっても企業価値向上へのインセンティブにつながります。

役員報酬としてのストック・オプション

	無償ストック・オプション		有償ストック・オプション (§2-6, §5)
	株式報酬型 (§1-5)	通常型 (§1-5)	
行使価格	通常，1円など低額に設定	通常，付与時点の株価以上に設定	通常，発行時の株価と同程度に設定
報酬額	株価−行使価格 （＊）行使価格が1円等低額のため行使できないことは通常ない	■株価＞行使価格の場合 株価−行使価格 ■株価＜行使価格の場合 行使できないため，報酬ゼロ	■株価＞行使価格の場合 株価−行使価格−ストック・オプションの対価 ■株価＜行使価格の場合 ストック・オプションの対価の額が損となる
留意点	税制非適格ストック・オプションに該当するため，権利行使時に課税される	税制適格要件を満たす形で付与する場合が通常	ストック・オプションの時価をおさえるため，権利確定条件として業績条件や勤務条件等を付ける場合が通常

優秀な経営陣の継続的な確保や，経営責任の明確化の観点のためにストック・オプションは，いろいろと活用できるんだね！

2-4 上場会社の場合③

役員に対する退職慰労金

　従来，役員に対する退職慰労金は**役員退職慰労金**が一般的でした。しかし，近年においては役員退職慰労金制度の廃止が続き，現在もこの制度が残る企業は少数派となっています。従来の役員退職慰労金は年功的要素が強く固定的であることが多く，経営責任のある役員報酬としては適切でないという機関投資家の反発が，この背景にあります。

　役員退職慰労金制度廃止後の役員報酬制度にはさまざまな形態があります。右ページは，株主，役員それぞれのメリット・デメリットを整理したものですが，ストック・オプションは，株主・役員のいずれにもメリットがあります。会社にとってもキャッシュ・アウトがなく，すぐれた制度といえますね。

　株価連動で役員にインセンティブが付与されるというと，現在は，リストリクテッド・ストック（§2-9）も選択肢にありますが，かつての日本においては，法的な制限がありました。そこで役員退職慰労金制度の廃止の代替方法として，ストック・オプションが広く活用されてきました。

　コーポレート・ガバナンスコードの適用を機に，業績連動報酬の必要性が認識されてきています。これを機にストック・オプションを業績連動報酬の一環として導入する企業も出てきました。

役員退職慰労金制度の代替案のメリット・デメリット

	株主にとっての メリット・デメリット	役員にとっての メリット・デメリット
単純廃止	× ●役員の業績向上へのインセンティブ低下により，長期的には業績向上につながらないおそれあり	× ●報酬が減少 ●インセンティブ低下
月額報酬への上乗せ	× ●報酬が業績に連動しない	× ●給与所得として課税され，手取額減少
役員持株会による株価連動報酬	○ ●報酬が株価に連動する	× ●給与所得として課税され手取額減少 ●インセンティブが強くない
ストック・オプション	○ ●報酬が株価に連動する	○ ●インセンティブになる ●退職所得となるため，税務上有利

役員と株主の両方の利益を最大化しつつ，両者の利益相反を解消する手段としても，ストック・オプションは有効な手段なんだね！

2-5 外部協力者への発行

役務提供の対価としての活用

　§2-4までは，役員や使用人に対する役務提供の対価（報酬）としてのストック・オプションの利用について述べてきましたが，会社外部の協力者に対する役務提供の対価として用いることも可能です。

　たとえば，上場準備会社がコンサルタントに上場支援業務を依頼している場合を考えてみましょう。成功報酬となるストック・オプションをコンサルタントに付与することにより，コンサルタントがより力を入れ，上場が成功に導かれることが期待できます。具体的には，タイムチャージのような契約単価に，上場による成功報酬のストック・オプションを組み合わせることによって，コンサルタントが企業価値向上へのインセンティブを高めることが可能となります。

　会社法施行後，役務提供の対価としての外部協力者への新株予約権の発行は「ストック・オプション等に関する会計基準」（以下「基準」）の対象となり，無条件に費用負担なしの発行はしにくくなりました。

　しかし，基準導入後も，会社に資金負担がないという点は基準導入前と変わらないことから，企業価値の向上という目標を経営者と外部協力者が共有できるという面で，ストック・オプションの利用価値があるといえます。

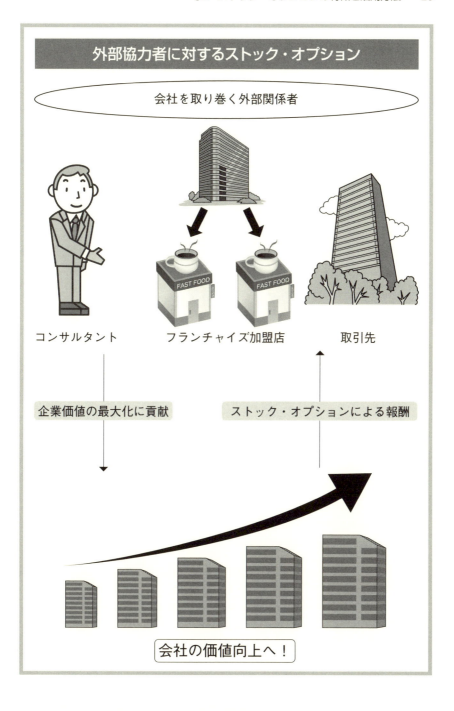

2-6 新たなストック・オプション

有償ストック・オプション

　有償ストック・オプションは，ごく最近，普及してきた新たなストック・オプション制度です。

　以前からあった無償ストック・オプションは，税制適格要件（§7-4）を満たせない場合，付与対象者に税務上の負担がかかるという問題がありました。会社にとっても，株式報酬の費用計上が必要という点が課題でした。このような背景から，無償ストック・オプションの課題を克服するべく新たなインセンティブプランとして登場したのが，有償ストック・オプションです。

　有償ストック・オプションでは，付与対象者は，ストック・オプションの時価を支払います。取得にあたり経済的負担が生じますが，課税されるのは株式売却時です。これは，税制適格ストック・オプションの対象にならない大株主（例　創業者等）には魅力的です。また権利確定条件を付けるよう設計すれば，取得に際し生じる費用負担も軽減可能です。無償ストック・オプションの場合と異なり，株式報酬部分の費用計上についても定めがありませんでした[*]。

　このように会社にとっても付与対象者にとっても，メリットがあり，ここ数年で有償ストック・オプションは急速に拡大しました。

（*）「従業員に対して権利確定条件付き有償新株予約権を付与する取引に関する取扱い」適用後は，有償ストック・オプションも株式報酬部分の費用計上が必要であることが明示された（§5参照）。

2-7 ストック・オプションの メリット・デメリット

3つの視点からストック・オプションを見る

§2では，さまざまなストック・オプションの活用方法について紹介してきました。ここで，ストック・オプションのメリット・デメリットについて，企業を取り巻く各関係者の視点から整理してみましょう。

① 役員・従業員

株価を報酬と連動させることで，金銭でもらう給与や賞与では得られないようなスケールの収入を自分の頑張り次第で得られるという点が最大のメリットです。ただし，場合によっては（株式市場全体の株価の下落など），労働の対価として十分でないこともありうる点や，設計によって，税務負担を強いられる点がデメリットです。

② 企　業

資金負担を伴わずに，優秀な人材を確保できる点や，社員が業績や株価を意識するようになり，業績向上に結び付くことが大きなメリットとなります。一方でデメリットとして，付与のルールが不明確な場合に，役員や従業員間の不公平感を生じやすい点や，従業員が多額の報酬を得た場合，会社を辞めてしまう点が挙げられます。

③ 株　主

株価の上昇をもたらす点はメリットですが，ストック・オプションの行使による希薄化（§3-1参照）が生じる可能性がデメリットといえるでしょう。

ストック・オプションのメリット・デメリット

	メリット	デメリット
役員・従業員	金銭でもらう給与や賞与では得られないスケールの収入を自分の頑張り次第で得られる	金銭報酬の一部がストック・オプションに置き換えられた場合には，業績や株価等により，報酬が減る場合がある
会社	少ない資金負担で優秀な人材の確保が可能になる	付与のルールが明確でない場合，付与された者とそうでない者の間の不公平感がモチベーションの低下につながるリスクとなりうる
株主	ストック・オプションを付与された者のモチベーション上昇により業績が上がることで株価上昇や配当増加が期待できる	ストック・オプションの行使による株式数増加による希薄化効果が生じる

ストック・オプションの導入の際には，付与対象者間で不利益が生じないように設計する必要があるんだね！

2-8 日本版ESOP

信託を利用した株式報酬制度

ESOP(Employee Stock Ownership Plan)とは,企業が拠出する従業員に対する株式給付制度です。主に従業員の福利厚生制度の充実や,株価向上のインセンティブの付与,自己株式(金庫株)の有効活用を目的とします。

日本版ESOPは,従業員持株会型と株式給付型の2種類がありますが,ここでは多くの企業に用いられている従業員持株会型のスキームについて説明します。従業員持株会型は企業の保有する自社の株式を,信託を経由し,従業員持株会へ月々売却するスキームです。株価が上昇した際には従業員が利益を享受しますが,株価が下落しても従業員が損を被らない仕組みとなっています。

具体的には,まず,導入企業はESOP用の信託をつくります。信託は金融機関等からの借入金により,導入企業の株式を時価で取得します。この借入金については,導入企業による債務保証が付されます。そして,信託は保有する導入企業の株式を,時価により導入企業の従業員持株会に売却します。

信託期間中,信託は保有する株式の売却代金と配当金を原資として,金融機関等からの借入金を返済します。

信託終了時点で,株式の売却や配当金の受取により余剰金が発生した場合,その余剰金は従業員に分配されます。一方で信託で資金不足になった場合には,導入企業が債務保証の履行等によって不足額を負担します。

ESOP（従業員型持株会）のスキーム

① ESOP用の信託をつくる。信託は，資金調達をし（会社が債務保証をする），会社または市場から時価で株式を買う。

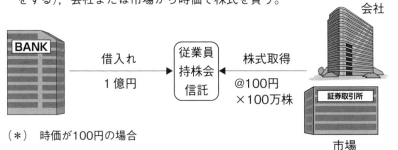

（＊） 時価が100円の場合

② 従業員持株会は，毎月，従業員持株信託から時価で必要株数を購入する。信託は銀行に返済を行う。

（＊） 時価が80円の場合

③ 信託期間終了時に，A 信託財産が残っていれば，持株会への拠出割合に応じ，従業員に分配する。B 借入金が返済できなければ，債務保証契約に基づき，会社が残金を返済する。

A 信託財産が残る場合（株価が相対的に上昇した場合）

B 借入金が返済できない場合（株価が相対的に下落した場合）

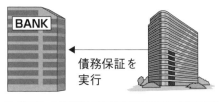

2-9 リストリクテッド・ストック

現物株式を付与する報酬

　ストック・オプションと同様のインセンティブ報酬の性質を有するものとして，**リストリクテッド・ストック**があります。**リストリクテッド・ストック**とは，役員や従業員に報酬として自社の株式が無償で付与されるものの，一定の期間（勤務の継続が要件となるケースが多い），その株式の処分，売却が制限（禁止）される株式のことです。

　譲渡制限期間中は，株式の譲渡ができないことから，売り逃げを防ぎ優秀な従業員・役員を**企業に確保**する効果がある点や，株式保有を続ける限り株価を向上させるようなインセンティブが継続できる点がメリットとして挙げられます。

　従来，法整備が不透明なため，日本企業では導入事例はほとんどありませんでしたが，現在は，会社法，税法，金融商品取引法の３つの法が整理され，リストリクテッド・ストックの利用が促進されています。

■関連する法と整理内容

法	概　要
会社法	金銭の報酬債権を現物出資することによる株式の発行が可能
税法	「特定譲渡制限付株式」と定義し，付与された個人は譲渡制限解除の日の株価で課税
金融商品取引法	総額１億円以上の付与を行う場合は原則として有価証券届出書の提出が必要

§2 ストック・オプションの特徴と活用方法 33

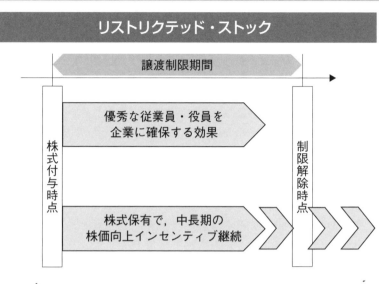

法改正によって，特定譲渡制限付株式と新しく定義付けられたよ！ リストリクテッド・ストックの利用可能性が広がりそうだね！

会社法	金銭の報酬債権を現物出資することにより株式を発行することが可能であることが明確化
平成28年税制改正	付与された日ではなく譲渡制限が解除されたタイミングで，その日の株価で課税されることが明確化
企業内容等開示府令	「有価証券の募集」に該当する場合には，有価証券届出書の提出が必要

2-10 各種株式報酬の比較

ストック・オプションに類似した株式報酬の相違

　ストック・オプションに類似した株式報酬として，日本版ESOP（§2-8）とリストリクテッド・ストック（§2-9）について説明しました。

　いずれも会社と同じ目線で株価向上のインセンティブを役員，従業員に付与する手段として，コーポレート・ガバナンスの強化の流れのもと，導入事例が増加しています。優秀な人材確保の手段としても活用されます。

　しかし相違点もあります。1つは株価水準と報酬の関係です。日本版ESOP，リストリクテッド・ストックとも，株価水準により報酬額が増減するものの，ゼロになることはありません。ストック・オプションの場合，株価が行使価格を下回ると，行使できず報酬はゼロとなります。

　発行会社の税務上の取扱いも異なります。日本版ESOPは，信託期間が終了し，信託から従業員に財産分配がなされた時点において，損金算入が認められます。リストリクテッド・ストックの場合は，譲渡制限が解除された時点で一定の条件のもとで，損金算入が認められます。一方，税制非適格ストック・オプションの損金算入のタイミングは付与対象者が権利を行使したときで，税制適格ストック・オプションは，損金算入不可となっています（§7-6）。

注　上記は付与対象者が従業員の場合。役員の場合は，一定の条件に該当しないと，①定期同額給与，②事前確定届出給与，③利益連動給与のいずれかの要件に該当する場合を除き，損金算入不可。

各種株式報酬の比較

	インセンティブ	発行会社の税務上の取扱い	会計上の取扱い
無償ストック・オプション	株価が行使価格を大幅に下回るような状況では，インセンティブ効果が下がる	税制適格ストック・オプション：損金算入不可 非税制適格ストック・オプション：付与対象者の権利行使時に損金算入	通算すると，公正な評価単価×(付与数－失効実数)が費用計上される
有償ストック・オプション	株価が行使価格を大幅に下回るような状況では，インセンティブ効果が下がる	現税制上，資本取引とされ，課税関係は生じない	通算すると，公正な評価単価×(失効実数－付与時の失効見積数)が費用計上される
日本版ESOP	インセンティブ効果あり	信託から従業員に財産分配がなされた時点で損金算入	信託の財産を会社の決算書に合算
リストリクテッド・ストック	インセンティブ効果あり	譲渡制限が解除された時点で損金算入	譲渡した株式総額を譲渡制限期間にわたり費用化

（*）上表の税務上の取扱いは，付与対象者が従業員の場合。付与対象者が役員の場合は，①定期同額給与，②事前確定届出給与，③利益連動給与のいずれかの要件に該当する場合を除き，損金算入不可。

グループ経営の人事政策にも用いられる？

　グループ経営の観点から，親会社が自社のストック・オプションを子会社の従業員等に付与するケースがあります。

　たとえば持株会社が親会社の場合，親会社自体がビジネスを営んでいないため，子会社である事業会社に業績を伸ばしてもらうことで，親会社の業績も良くなり（子会社の業績が良くなることで受取配当金が増えるため），ひいてはグループ全体の業績を良くするように，うまく働きかけるような仕組みを整備する必要があります。

　そこで，グループ全体の業績を良くするような仕組みの1つとして，自社の株式オプションを事業会社である子会社の従業員等に付与するという方法が挙げられます。自社の株式オプションを子会社の従業員に付与することで，各子会社の従業員が，まずは，自分達の会社の業績を良くするように働きかけるインセンティブを与えることができます。

　一方で，連結経営の観点からも，企業価値を高めることが可能となります。ストック・オプションをグループ全体の従業員に与えることで，各子会社の従業員の頑張りが事業会社単体の企業価値を高めるだけでなく，結果的に，企業グループ全体の企業価値を高めることにつながります。このように，ストック・オプションを用いた企業グループ全体の企業価値を高めるような人事制度を作ることも，ストック・オプションを用いることで可能となります。

§3 ストック・オプションの発行から行使まで

ストック・オプションを発行したり権利行使する場合，どのような手続をするのでしょうか？
ここではなぜ手続が必要なのかや，発行手続の流れ，権利行使を要求されたときの流れについて基本的な事項を説明します。

会社法の手続を理解しよう！

3-1 ストック・オプション発行で既存株主は不利益を受ける？

経済面の影響と議決権への影響

　ストック・オプションが既存株主に与える影響を考えてみましょう。

　まず経済面の影響です。既存株主の保有資産である株の価値は，「株価＝1株当たりの会社の時価総額」と表わすことができます。ストック・オプションが行使されると，この株価に「希薄化」が生じる可能性が発生します。希薄化とは文字どおり1株当たりの株価が薄くなる，つまり株価が下がることをいいます。§1で説明したとおりストック・オプションが権利行使されるのは，行使価格が株価より低い場合です。右ページの図を見ていただくとわかりますが，株価よりも低い価格が払い込まれることによって，1株当たりの**株価が希薄化**します。またストック・オプションを行使したと同時に得た株を売却するケースも見られます。大量に売却されることで市場の需給バランスが崩れ，結果として株価が下がることも多く，既存株主に株価下落という**経済的不利益が生じる可能性**があります。

　次に議決権を考えてみましょう。ストック・オプションの権利が行使されると，既存株主の議決権比率は低下します。そうすると「議決権の過半数」あるいは，「議決権の2／3以上」を保有していた株主は，「会社に対する支配力」や「株主総会の特別決議の拒否権」を失うという**企業支配面の不利益が生じる可能性**があります。特に株式の譲渡制限がある**非公開会社**の場合，議決権維持の手段が担保されておらず，重大です。

ストック・オプションが既存株主に与える不利益

【前提】
　会社の純資産は20,000円，株価100円，発行済株式数500株，時価総額50,000円，既存株主A氏の持株数は180株である。そこへ，ストック・オプション（行使価格70円）が100株分行使された。既存株主A氏への影響はどうなるか？

■経済的な影響：希薄化効果－他の条件が同じなら株価が下がる

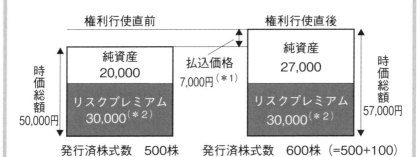

（＊1）　7,000＝70×100
（＊2）　リスクプレミアムはストック・オプションの行使に影響されない

■議決権比率への影響：議決権が下がる

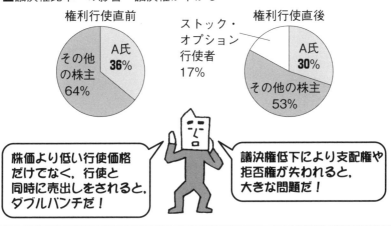

3-2 不利益を受ける株主を守るには？

不利益を受ける場合は株主総会での特別決議が必要

　ストック・オプションの発行は既存株主に不利益が発生する可能性があります（§3-1）。そこで会社法では，ストック・オプションを発行する際の手続を厳格に定めています。既存株主に不利益が発生するかどうかがポイントであり，それにより手続が変わります。

① **有利発行か**

　有利発行とは「新株予約権という権利を公正価値より低い対価で取得させること」です。有利発行を行うと既存株主に希薄化の不利益が生じるため，**株主総会の特別決議**（株主総会に出席した株主の2／3以上の賛成で可決される）によって，募集条件等が承認されることが必要になります。なお，ストック・オプションの価値と労働等の対価が見合えば，有利発行にはならないと解釈されています。

② **公開会社か**

　会社法上の公開会社とは「株式の譲渡を行うときに会社の承認を要する旨を定款で定めていない会社」です。**公開会社**かつ**有利発行ではない**場合，ストック・オプションは**取締役会の決議**で発行することができます。これは，公開会社の場合，機動的な資金調達が重要であること，議決権の低下を株式の追加購入でカバーできるなどのためです。一方で**非公開会社**（公開会社以外の会社）では株式の譲渡制限があるため株式の追加購入等で議決権比率を維持することが困難になることから有利発行か否かによらず，**株主総会の特別決議**が必要になります。

ストック・オプションの発行に必要な決議

公開会社 かつ「有利発行」ではない → 取締役会決議

公開会社では，有利発行ではないストック・オプションなら，経営者の意思決定でスピーディーに発行できるんだ！

非公開会社 → 株主総会（株式会社の最高意思決定機関）の特別決議

「有利発行」である → 株主総会（株式会社の最高意思決定機関）の特別決議

特別決議は株主総会に出席した株主の議決権の2／3以上の賛成が必要！成立条件を厳しくすることで株主の意思決定が，より尊重されているんだ！

元々株主総会特別決議の拒否権を持っている株主は，決議に反対することで，自分の拒否権を守れるんだね。

3-3 発行手続の流れ①

発行内容をデザインする

　ストック・オプションを発行するには，ストック・オプションの内容および数，払込金額（払込を要しない場合その旨）や払込期日，割当日などの募集事項を決める必要があります。ストック・オプションの内容とは，付与する株式数，算定方法，行使価格，行使期間，行使のための勤務条件や業績条件などです。会社はストック・オプションの発行目的に応じて，ストック・オプションをデザインすることになります。

　株式報酬型ストック・オプション（§1-5）は，役員や従業員への報酬が目的です。このため，役員や従業員の追加金銭負担を発生させないように新株予約権の発行価格を0円とする，権利行使時の払込金額を1円とする条件で発行します。

　通常型ストック・オプション（§1-5）は，株価向上へのインセンティブを付けること，および，税制適格ストック・オプションの要件を満たすため，行使価格を付与時点の株価以上に設定します。

　有償ストック・オプション（§2-6，§5）では，付与対象者は，ストック・オプションの時価相当額を会社に支払いますが，この経済的負担が小さくなるよう権利確定条件が付けられることが一般的です（権利確定条件が付くと，行使可能性が下がるため時価が下がる）。

　その他ストック・オプションの発行目的が優秀な人材を会社にとどめることであれば，勤務条件を設定する，または権利行使時に役員や従業員であることを条件とすることなどが考えられます。

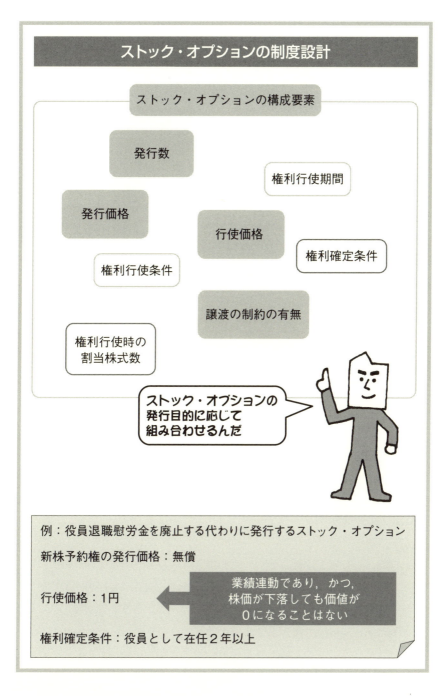

3-4 発行手続の流れ②

会社法上の手続

　会社法上の手続は，①機関決議，②募集事項の公告・通知，③ストック・オプションの引受の申込み，割当および引受，④登記，⑤新株予約権簿への登録という流れになります。ここでは特に既存株主を保護するための制度として①および②について説明します。

① **機関決議**

　公開会社かつ有利発行でない場合は取締役会，非公開会社または公開会社での有利発行の場合は株主総会の決議が必要です（§3-2）。なお株主総会で決議をする場合も，その前に株主総会の議案を取締役会で決議します。そして，会社は株主総会の2週間前までに株主に対して株主総会の招集通知を送ります。さらに有利発行の場合には，取締役は株主総会で有利発行をすることの理由を説明しなければなりません。

② **募集事項の公告・通知**

　取締役会で決議された場合には，株主に対し意思決定に影響のある情報を提供するため，割当日の2週間前までに株主に対して募集事項などを通知する必要があります。

> **Check!　役員にストック・オプションが付与される場合**
>
> 　役員報酬は報酬規制の対象となっており，定款で定めがない場合には株主総会で決議されます。ストック・オプションも役員報酬のため，有利発行等ではなくても，ストック・オプションを含めた合計額が役員報酬の枠を超える場合，株主総会決議の通常決議が必要となります。

ストック・オプション発行決議の流れ

ストック・オプションの発行は，会社の種類と発行条件で流れが異なる。

Step 1
取締役会でストック・オプションの内容を決議する

公開会社，かつ，公正発行の場合は，発行のための決議はStep1のみなんだ。これは機動的にできるね。

Step 2
新株予約権の内容を記載した招集通知を株主総会の2週間前までに株主に発送

Step 3
株主総会で決議する

非公開会社または有利発行の場合は，Step3まで必要。株主の地位を保護するためだ。

3-5 権利確定条件を付ける場合

勤務条件のほか，業績や株価の条件も？

　ストック・オプションの発行目的を達成するために，新株予約権に権利確定条件（**勤務条件**や**業績条件**など）を設定することがあります。権利確定条件が付いている場合，条件を達成して初めて，ストック・オプションの権利が確定します。

　勤務条件とは，従業員等が一定期間会社に勤務（役員の場合，在任）することを条件とするものです。たとえば，「X1年7月1日からX4年6月30日まで在籍すること」といった条件で，これにより権利確定日までは会社に在籍し貢献しようというインセンティブを与えることができます。

　業績条件とは，業績指標や株価が一定以上であることを権利行使の条件とするものです。たとえば，「X2年3月期の当期純利益の金額がX1年3月期の当期純利益の金額を○％以上，上回ること」や「X2年3月31日の株価終値が○○円以上であること」などの条件を付けることによって，役員や従業員に対して業績向上のインセンティブを与えることができます。

> **Check!　ストック・オプションの内容と所得税の関係**
>
> 　ストック・オプションは原則として，権利を行使した時点で課税されますが，一定の条件を満たす税制適格ストック・オプションの場合，権利行使時の課税は繰り延べられます。条件は厳格なので，付与対象者，権利行使価額などを慎重に検討する必要があります（詳細は§6参照）。

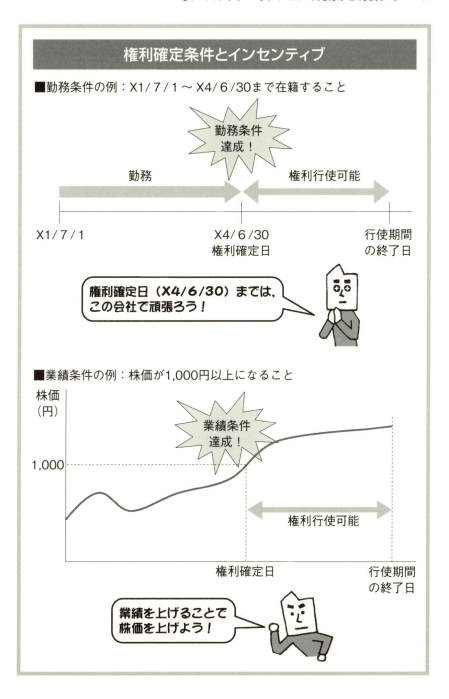

3-6 権利行使を要求されたら

新株発行と自社株式交付の2パターン

ストック・オプションについて権利行使の意思表示があった場合，会社は株式を引き渡すことになりますが，新株発行だけでなく，会社が保有している自社株式を交付することもできます（§1-1）。

純資産全体に与える影響は，新株発行の場合も自社株式を交付した場合も，ほぼ同じです。

既存株主の議決権比率に与える影響も同じです。新株発行の場合は発行済株式総数が増加し（分母が大きくなり），議決権比率が低下します。自社株式交付の場合は自己株式であるため議決権の対象外であった株式が対象となるため（分母が大きくなり），議決権比率は低下します。

Check! 自己株式の保有目的

自己株式の取得は株主還元の一環として行われることもありますが，単元未満株式や端株の買取請求に応じて行われることもあります。また，取得した自己株式を新株予約権の権利行使や単元未満株主の買増請求に備える目的で保有することもあり，取得・保有目的は多様化しているといえます。

権利行使による発行会社と既存株主への影響

【前提】新株予約権者が権利行使を通知した。諸条件は以下のとおり。
・権利行使価格：100円　　・権利行使をする株式：普通株式200株
・権利行使直前の発行済株式総数：1,200株
・自己株式数：200株（取得価額80円）
・既存株主A所有の株式数：300株

	■新株を発行するケース	■自己株式を交付するケース
発行会社での仕訳	（借方）現金預金　　　　100 （貸方）資本金　　　　　100	（借方）現金預金　　　　　　100 （貸方）自己株式　　　　　　 80 　　　　自己株式処分差益　　 20 　　　　（資本剰余金）
既存株主の議決権比率への影響	●元の議決権比率：30％（＊1） ●新株予約権者の権利行使後の議決権比率：25％（＊2） （＊1）30％＝$\dfrac{300株}{(1,200株-200株)}$ （＊2）25％＝$\dfrac{300株}{(1,200株-200株+200株)}$	●元の議決権比率：30％（同左） ●新株予約権者の権利行使後の議決権比率：25％（＊3） （＊3）25％＝$\dfrac{300株}{1,200株}$

仕訳は純資産の処理科目がちがうんだね。でも，いずれも株主資本なので，株主資本の合計では変わらないぞ！

どちらの場合も，議決権比率への影響は同じなんだ。

3-7 権利行使には期間がある

期間中に行使しないと失効する

　新株予約権は、発行に際し**権利行使期間**が定められます。新株予約権者は、権利行使条件を満たした後、権利行使期間内であればいつでも、もっとも有利と思われるタイミングで権利を行使できます。

　株式報酬型ストック・オプション（§1-5）のように、行使価格が1円ないし、低額に設定されている場合は、株価が行使価格を下回ることは通常ないため、株価によらず権利行使を行い、利益を得ることができます。

　しかし、**通常型ストック・オプション**（§1-5）のように行使価格が新株予約権の付与時点の株価と設定されている場合、常に株価が行使価格を上回るわけではありません。権利行使期間中、株価が継続して行使価格を下回っているような場合もあります。こういった場合、権利行使できず（権利行使をすると損をする）、新株予約権は失効します。

Check!　退職や死亡が失効条件の場合もある

　権利行使条件に「権利行使時に従業員（または取締役）であること」といった条件が付されていると、その会社を退職した場合や死亡した場合は当該条件を満たさないことになります。こうした場合、権利確定済みでも、ストック・オプションは失効することになります。

行使価格による権利行使の機会のちがい

　株式報酬型ストック・オプションと通常型ストック・オプションは，行使価格にちがいがある。これにより，権利行使の機会にちがいが生じる。

■株式報酬型ストック・オプションの場合（行使価格が1円等，低額）

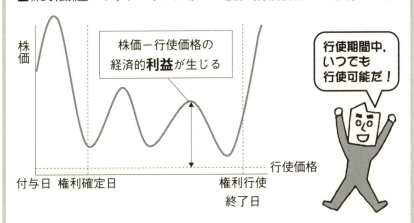

■通常型ストック・オプションの場合（行使価格は付与日の株価等）

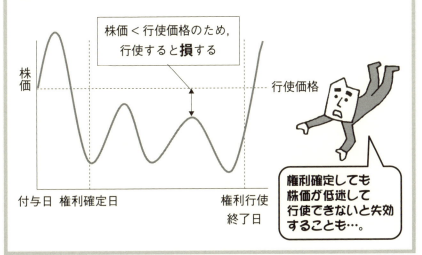

買収防衛策としての新株予約権!?

　新株予約権は，買収防止策の一環として利用されることもあります（**§1-4**参照）。ポイズン・ピルと呼ばれる手法が有名ですが，これは「敵対的買収者が一定の割合以上の株式を保有したこと」を権利行使条件とする新株予約権を既存株主等，会社の味方になる者に付与するという内容です。

　そのような新株予約権があると，買収者は，目標とする支配権を得るためには，新たに発行された株式も買収することとなり，買収のハードルが上がるのです。

　ただし，敵対的か否かを問わず，会社に買収の提案があった場合，経営者にとっては経営の継続の危機のため否定的な考えを持つ場合でも，株主にとっては経済的利益を伴う提案であることもあります。したがって，ポイズン・ピルの設定については，慎重な判断が必要と考えられます。

§4

無償ストック・オプションの会計処理

無償のストック・オプションを発行した会社の会計処理はどうすればよいでしょうか？ ストック・オプションを発行する意味と会計処理を結び付けて考えてみましょう。

§4では「ストック・オプション等に関する会計基準」について「ストック・オプション会計基準」と略して表現しています。

4-1 ストック・オプション会計基準の適用範囲

従業員以外への新株予約権や自社株式の付与も含む

ストック・オプション会計基準では，以下の取扱いを定めています。

A　従業員等（子会社の従業員等含む）に**新株予約権**を付与する場合
B　外部者に財貨またはサービスの対価として**新株予約権**を付与する場合
C　外部者に財貨またはサービスの対価として**自社株式**を付与する場合

ストック・オプション会計基準の主眼は，Aです。すなわち新株予約権という資金流出を伴わない手段で労働提供を受ける取引の取扱いです。

しかし，取引相手が従業員等か外部者かにかかわらず，BもCも，会社から資金の流出がないという点では共通します。つまり，こうして入手した財貨やサービスをいくらと算定するかにつき論点があるのです。そこで，B・Cについても同じ会計基準で定められることとなりました。

ただし対象者が外部者である場合は，勤務期間という概念がないこと等のちがいがあります。そこでB・Cの会計処理は，Aと同じではなく，別途定められています（§4-14）。

**Check!　ストック・オプション会計基準が適用されない場合**

新株予約権を発行する取引でも，他の会計基準で定めがある場合は，それに従うとされています。たとえば，M&Aの際に発行される場合は「企業結合に関する会計基準」，デット・エクイティ・スワップ取引は「デット・エクイティ・スワップの実行時における債権者側の会計処理に関する実務上の取扱い」に従います。

ストック・オプション会計基準の適用対象

■役員や従業員への新株予約権の付与

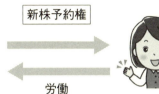

■外部者に財貨またはサービスの対価として新株予約権を付与する場合

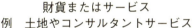

例 土地やコンサルタントサービス

■外部者に財貨またはサービスの対価として自社株式を付与する場合

例 土地やコンサルタントサービス

4-2 ストック・オプションは費用認識すべきか①

労働の対価なのに会社の資金負担がない

　ストック・オプション会計基準ができる前，企業がストック・オプションを付与することについて「費用認識」すべきかどうかの議論がありました。ここでは，その議論のさわりをご紹介しましょう。

　費用認識不要派の論拠は，ストック・オプションを付与しても，現金等の**会社財産の流出**がない点です。
　ストック・オプションを付与した場合には，**会社財産の流出**はありません。ストック・オプションの付与により，従業員等のモチベーションが上がり，従来提供されていた以上の労働の提供が期待できるとしても，会社財産の流出がない以上，費用認識は適切でないというのが，費用認識不要派の意見でした。

　一方，費用認識必要派の論拠は，ストック・オプションと引換えに従業員等から享受した**労働力を会社が費消**（§1-2）している点です。従業員等からの労働力に限らず，通常会社が何らかのサービス提供を受けそれを費消する場合，会社はそのサービスの費消に合わせて費用を認識します。ストック・オプションの付与に際し，会社財産の流出がない場合も，経済的価値のある労働力を費消している以上は，その事実を費用として認識することが適切というのが，費用認識必要派の意見でした。

§4 無償ストック・オプションの会計処理 57

労働の対価なのに会社の資金負担がない

■通常の労働の対価の場合

（仕訳）
　費用（人件費）／現預金（資産）

現預金といった会社財産が流出する！

■ストック・オプションの場合

（仕訳）
　費用？／？（会社財産の流出なし）

会社財産が流出しない！

ストック・オプションの場合，通常の費用と異なり，会社からの財産流出はないんだ。費用を認識するのは，ちょっと不思議な気もするね。

4-3 ストック・オプションは費用認識すべきか②

新株発行の義務があるが，負担は既存株主が負う？

　費用認識不要派の論拠として，ストック・オプションの付与は，既存株主と従業員等の間で**富の移転**が生じるだけの取引である点も挙げられました。

　右ページの例で考えてみましょう。行使前，既存株主の保有株式の価値は1,000円でした。ところがストック・オプションが行使されると，1株の価値が500円になってしまいます。その結果，既存株主の保有株式の価値は500円減り，1円しか払い込んでいない新株主の保有株式の価値は500円になります。つまり，新旧株主の間で**富の移転**が生じたわけです。

　このような**富の移転**は新株発行でも起こりますが，富の移転に係る部分については，会計処理は行われません。負担は既存株主が負うのみで，会社は何も負担しないからです。

　一方，費用認識必要派の論拠としては，従業員等が付与されるストック・オプションは会社に提供した**労働力の対価**として付与されるものであり，単なる新旧株主間の取引ではなく，会社と従業員等との間の取引であるとします。

§4 無償ストック・オプションの会計処理　59

ストック・オプション行使に伴う富の移転とは？

【前提】
・会社の時価総額10万円，発行済株式数**100**株⇒株価：**1,000**円
・従業員に付与されたストック・オプション：1個，行使により付与される株式数100株，行使価格1円

【行使前】

既存株主

保有株式の価値
10万円（＝**1,000**円×100株）

従業員

ストック・オプション

【行使後】　会社の時価総額10万円　　発行株式数：**200**株⇒株価：**500**円

保有株式の価値
5万円（＝**500**円×100株）

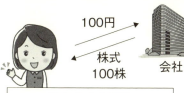

保有株式の価値
5万円（＝**500**円×100株）

100円
株式100株
会社

株式の価値**5**万円が移動した！

**既存株主からストック・オプションの行使者に
富の移転が起こる。それで会社から資金が
流出しないのに従業員の収入につながるんだね！**

注：ストック・オプションの行使により，会社の純資産は100円（＝＠1円×100株）増えますが，軽微であり，ここでは会社の時価総額に影響はないとします。

4-4 費用認識時の問題点

相手勘定と費用計上額

このようにストック・オプションの会計処理は，費用認識必要派と費用認識不要派の2つの考え方があります（§4-2，4-3）が，**現行の会計基準では，株式報酬費用として費用認識する方法が採用**されています。これは国際会計基準や米国会計基準などの国際的な会計基準においても広く採用されている方法です。

ストック・オプションを費用処理する場合，下記のような仕訳が考えられます。

(借方) 株式報酬費用	?	(貸方) **相手勘定？**	?

ここで問題点が2つ生じます。1つは，**株式報酬費用の相手勘定を何にすべきか**という点，もう1つは，ストック・オプションの付与を労働報酬とする場合，会社財産の流出がなく，**費用計上額をいくらにするか**という点です。これはなかなか難しい問題です。本書では，前者を§4-5で，後者を§4-6〜4-9で解説します。

> **Check!** ストック・オプション会計基準の導入前
>
> 同基準の導入前は，権利行使されるまで会計処理は行わないことが普通でした。しかし経営者への多額のストック・オプションが財務諸表に反映されないことへの不信感もあり，2004年にIASBおよびFASBが費用処理を義務付ける会計基準を公表しました。日本でも2006年から費用化が義務付けられています。

ストック・オプションの会計処理の2つの考え方

費用認識必要派の論拠　VS　**費用認識不要派の論拠**

費用認識必要派の論拠:
- 会社は経済的に価値のある労働力を費消している
- 会社と従業員等との間の取引である
- 費用計上額は計算モデルで計算できる

現在の日本の会計基準で定められている方法

費用認識不要派の論拠:
- 会社財産の流出がない
- 株主間の富の移転に過ぎない
- 費用計上額を計算するのが難しい

> 国際的な会計基準も日本の会計基準と同じ考え方なんだよ。

4-5 費用の相手勘定は？

株式を発行する義務は負債？　株主資本？

§4-4の1つめの問題を考えてみましょう。すなわち，費用の相手勘定は何になるのかということです。ストック・オプションが従業員に行使されると，会社は株式を引き渡す義務があります。この義務を負債として計上する必要があるのでしょうか？

負債は，買掛金や借入金など，将来，現金を支払う義務等，経済的負担を負っているものですが，ストック・オプションを発行しても会社には経済的負担は生じません。

それでは株主資本とすべきでしょうか？　株主資本とは，株主の持分で，株式の対価として払い込まれた資本金，資本剰余金，および会社が獲得した利益，すなわち利益剰余金等からなります。権利行使されたストック・オプションは，株主資本となります。しかし権利行使前は，株主資本ではありません。

負債でもなく株主資本でもないストック・オプションは，貸借対照表上，どこに計上するのでしょうか？　実は純資産の部は，資産と負債の差額で，株主資本以外のものも含みます。そこで株主に帰属する「株主資本」とは区分して，ストック・オプションを付与された従業員等との取引によるものとして，**純資産の部**に「**新株予約権**」として計上します。

ストック・オプションの分類は？

「将来,株式を発行する義務」を負うが,金銭を支払う等の経済的負担でないストック・オプションは,何に分類されるか？

■買掛金や借入金

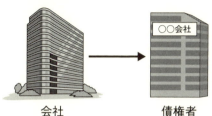

債務の支払義務という経済的負担を負う
→**負債**

■株式発行の際,対価として払い込まれたもの

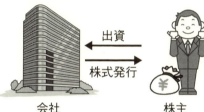

株主の持分である
→**株主資本**

負 債		
純資産	株主資本	資本金
		資本剰余金
		利益剰余金
		自己株式
	評価・換算差額等	その他有価証券評価差額金
		繰延ヘッジ損益
		土地再評価差額金
	新株予約権	

負債でも,株主資本でもないストック・オプションは,純資産の部の新株予約権に計上されるよ。

4-6 株式報酬の測定方法①

ストック・オプションの公正な評価単価を算定する

§4-4の2つめの問題を考えてみましょう。すなわち、ストック・オプション付与を労働の報酬とする場合、費用計上額をいくらにするかという点です。ストック・オプションと労働の交換取引なので、いずれかの金額をもとにすることになります。

インセンティブによる労働なので、時給×時間といった単純な算定方法は使えません。そこでストック・オプションの価値の算定を通じて、株式報酬とします。

上場企業の場合、新株予約権の価値は、**ブラック・ショールズ・モデル**や**二項モデル**という金融工学に従った計算方法によって測定することができます（§6参照）。

一方、**非上場企業**では、株価がないため上記モデルが使えません。そこで**本源的価値**（§6-3）という考え方で代替することも認められています。この場合は、「評価時点の株価」に替え、「自社株式の評価額」を用います。

本源的価値＝自社株式の評価額－行使価格

 Check! 非上場企業が上場すると

非上場企業が上場した場合、ストック・オプションの価値を再測定する必要があるのでしょうか。通常、上場したのみでは再測定は必要ありませんが、上場に伴って条件変更が行われた場合などは、条件変更の処理に従い、再測定する必要があります。

ストック・オプションの価値の測定方法

　ストック・オプションの価値の測定方法は，発行会社が上場しているか，非上場かで異なる。

■上場企業の場合

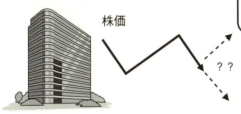

ブラック・ショールズ・モデルや二項モデル等，金融工学に従い計算するんだね！

　ブラック・ショールズ・モデルでは，下記の要素から価値を算定する。

- 株価
- 行使価格
- ボラティリティ
- 満期までの期間
- 無リスク利子率
- 満期までの配当

→ 新株予約権の価値

■非上場企業の場合

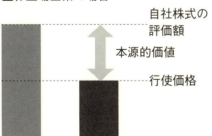

自社株式の評価額／本源的価値／行使価格

本源的価値は「株価−行使価格」だが，非上場会社の場合，株価に替え，自社株式の評価額とするんだ。

4-7 株式報酬の測定方法②

ストック・オプションは付与日に測定する

　ストック・オプションの価値は，上場企業，非上場企業それぞれ一定の方法で測定することができます（§4-6）。ただし，ストック・オプションの価値は，常に価値が変動する株価等に連動しているため，**いつ価値を測定するか**が問題となります。

　そもそもストック・オプションの価値を測定するのは，ストック・オプションの付与の対価となる労働等のサービスの提供価値を直接算定することができないからです。労働の対価とストック・オプションの価値が同等であると仮定すると，交換取引が成立するのは両者が等価である時点です。これは，交換取引契約の締結日，すなわち付与日であると考えられます。そこで，**ストック・オプションの価値は付与日で測定される**こととなりました。

算定するストック・オプションの価値（株式報酬額）
＝**付与日**のストック・オプションの公正な評価単価（§4-6）×**数量**

　ここまででストック・オプションの価値のうち，単価までは導き出せました。あとは数量が決まれば，株式報酬費用が算定できます。数量について§4-8で考えてみましょう。

ストック・オプションはいつ測定するか？

株式報酬費用を直接算定するのが困難であるため，交換されるストック・オプションの価値を測定する。このため，測定は，交換が行われる日，すなわち付与日となる。

交換が成立するってことは，ストック・オプションの価値とこれにより提供される労働の価値がつりあうと考えられるね！

4-8 株式報酬の測定方法③

権利確定数を見積もる

ストック・オプションの価値は，以下のように表されます。

| ストック・オプションの価値＝ストック・オプション単価×**数量** |

では株式報酬として費用処理すべき金額は，この**数量**を**ストック・オプションの付与数**として算定すればよいのでしょうか？

付与されたストック・オプションのすべてが，権利確定されるのであれば問題ないのですが，付与対象者が途中で辞める，または，業績条件を達成できない等で権利確定されない場合があります（権利不確定による失効）。そこで算定にあたっては，付与数からこの失効数を見積もり，控除した数を用います。この数を**ストック・オプション数**といいます。

| ストック・オプション数 ＝ 付与数 － 権利不確定による失効数（見積り） |

 Check! 失効数を見積もることができない場合は？

失効数を十分な信頼性をもって見積もることができない場合もあります。たとえば業績条件に株価が一定の水準になることとする場合です。こうした場合は，失効数を見積もるべきではない，すなわち失効数は０としてストック・オプション数を算定することとなります。

なお，株価を業績条件とする場合も，一般に認められた算定技法で合理的に見積もった場合は，失効数として用いることが認められています。

§4 無償ストック・オプションの会計処理 69

株式報酬費用＝権利確定数に対応する金額

【前提】X社では，X1年度末に，X4年度末の在籍を権利確定条件とするストック・オプションを従業員5人に対し，1個ずつ付与した。付与時のストック・オプションの公正な評価単価は100千円である。

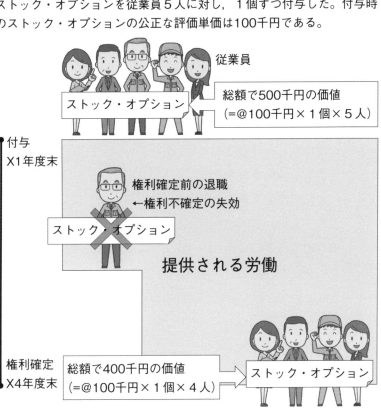

提供される労働の対価として適切なのは，権利確定まで会社で頑張っていた従業員等の新株予約権の価値と考えたのだね。それで付与数から権利不確定の失効数を控除したストック・オプション数が用いられるんだ！

4-9 株式報酬費用の按分方法

サービスの提供期間と権利確定日の関係

　株式報酬費用の**総額**を算定（§4-6～4-8）しましたが，次に，費用をどの期間で認識するべきか考えていきましょう。

　企業は従業員等から追加の労働等のサービス提供を期待しストック・オプションを付与するため，インセンティブが期待される権利確定日までが，対価となる労働等のサービス提供期間と考えられます。したがって**付与日**から**権利確定日**までの**勤務対象期間にわたり按分し費用計上**することになります。

　そこで**権利確定日がいつか**ということが問題となります。ストック・オプションの契約上，明記されていれば問題はありませんが，明記されていない場合，いつを権利確定日とみなすかが問題となります。

　たとえば業績条件として，一定額以上の利益を計上した日以降に行使可能となるようなストック・オプションの場合，この業績を達成する時期を合理的に見積もった日が権利確定日となります。

　しかし，業績条件がいつ達成することができるか不明確な場合や業績条件に株価条件が付与されている場合など，達成時期（権利確定日）を合理的に見込むことが困難な場合もあります。そのような場合には，付与日において一括して費用処理を行うこととされています。

　権利確定日がいつかで，各期の株式報酬費用の負担額が変わってきます。明記されていない場合は，契約条件から慎重に判断する必要があります。

権利確定日はいつ？

■契約書で明らかになっている場合

```
       契約書

付与日      X1年4月1日
権利確定日   X3年3月31日
```

契約書で権利確定日が明らかになっている場合は、これに従い、付与日から権利確定日までの期間に応じて、株式報酬総額を按分し、費用計上する。

■権利確定条件として業績条件のみが付いている場合
例　当期利益100,000千円以上を達成した場合に権利が確定する場合

中期計画からすると、予算達成は5年後ね。

→株式報酬総額を付与日から権利確定日までの5年で按分し、費用計上する。

■業績条件として株価条件が付いている場合
例　会社の株価（現在600円）が1,000円を超えた場合に権利が確定する場合

株価は、業績だけでなく市場の状況にも左右される。いつ達成できるかなんて予想できない。

→付与日を含む年度で、株式報酬全額を費用計上する。

4-10 ストック・オプションの会計処理

会計処理のコンセプトを理解しよう！

　これまでの説明は，ストック・オプションの会計処理を行うための前提でした。会計処理の説明に入る前に，ストック・オプション会計のコンセプトを説明します。ストック・オプションの流れ（8ページ）で説明したように，ストック・オプションには以下の段階があります。会計処理もこの時系列に沿って考えます。

> 付与 〉権利確定前 〉権利確定 〉行使開始 〉権利行使

　会計処理で特に重要なタイミングが権利確定日です。権利確定日までが対価となる労働等の勤務期間となるからです。権利確定日前まではストック・オプションは対価となる労働等のサービスと関係しますが，権利確定日時点でこの関係は消滅し異なる会計処理となります。

① **権利確定前の会計処理**

　労働等のサービスの対価を付与日に測定されたストック・オプションの公正価値に基づいて見積もり，付与日から権利確定日までの対象勤務期間にわたり按分することで，株式報酬費用を認識します。

（借方）株式報酬費用　　　　XXX　　（貸方）新株予約権　　　　　XXX

② **権利確定後の会計処理**

　対象勤務期間は終了しているので，権利確定日後は報酬の費用処理は不要です。行使に対応する新株予約権を資本金等へ振り替えます。

（借方）現金預金　　　　　　XXX　　（貸方）資本金　　　　　　　XXX
（借方）新株予約権　　　　　XXX

§4 無償ストック・オプションの会計処理 73

ストック・オプション会計の基本

付与日

労働の対価
＝
ストック・オプションの価値

まず付与日にストック・オプションの価値を見積もり、権利確定日まで按分するんだな。

権利確定前／対象勤務期間

前提：
付与日から権利確定日まで3期

1期
| 株式報酬費用 | 新株予約権 |
| XXX | XXX |

2期
| 株式報酬費用 | 新株予約権 |
| XXX | XXX |

3期
| 株式報酬費用 | 新株予約権 |
| XXX | XXX |

権利確定日

ストック・オプション数の確定

| 株式報酬費用 | 新株予約権 |
| XXX | XXX |

（＊）貸借逆の場合もある

権利確定日に権利確定数が決まるから、これまでの会計処理を修正するのか。

権利確定後／権利行使期間

ストック・オプションの行使

現金預金	資本金等
XXX	XXX
新株予約権	
XXX	

権利行使期間終了日

ストック・オプションの失効

| 新株予約権 | 特別利益 |
| XXX | XXX |

計上された新株予約権は、行使されれば資本金に、失効すれば戻入益になるんだ。

4-11 権利確定前の会計処理①

権利確定日が固定的な場合

それでは具体例で会計処理を考えてみましょう。計算にとりかかる前に，前提の何をチェックするかも重要です。

■チェック項目と考え方のまとめ

チェック項目	考え方
ストック・オプションの価値（＝公正な評価単価×ストック・オプション数）	ストック・オプション数＝付与数－権利不確定による失効見積数（§4-8）であるが，右ページ⑧より見積り不能ということで失効見積数をゼロ（右ページの（＊2）の下線部）とする。
権利確定日	右ページ⑥で権利確定日は付与日が2年後であり，対象勤務期間は2年間ということになる（権利確定日が固定的でない場合は，権利確定日の検討が必要となる。§4-9参照）。
権利確定日までの失効	右ページ⑥より勤務条件以外の確定条件はなく，⑨から権利確定日までの退職者なし（失効者なし）とわかる。このため，各期末日において，失効による新株予約権の調整は行わない（失効による新株予約権の調整がある場合は，§4-13参照）。

権利確定前の会計処理

【前提】A社（3月決算）は，X1/4/1に従業員10人にストック・オプションを無償で付与することを決議した。各条件は以下のとおり。
① 付与されたストック・オプションの数：1人当たり10個（合計100個）
② 行使により付与される株式数：ストック・オプション1個につき1株（計100株）
③ 行使価格：10千円
④ 付与日のストック・オプションの公正な評価単価：60千円
⑤ 行使条件：行使日に従業員であること。退職した時点で失効する。
⑥ 権利確定日：X3/3/31（他に権利確定条件はない）
⑦ 権利行使期間：権利確定後～X3/12/31
⑧ 権利不確定による失効見積数は付与日では十分な信頼性をもって見積もれない。
⑨ X3/3/31まで退職した者はいなかった。

■X1/4/1（付与日）

仕訳なし

対象となる従業員の勤務がまだのため，費用計上は行われない。

■X2/3/31（期末日） （単位：千円）

（借方）株式報酬費用(*1) 3,000	（貸方）新株予約権 3,000

（*1） 3,000千円＝((10人×10個)－<u>0個</u>)×60千円×12カ月/24カ月

■X3/3/31（期末日・権利確定日） （単位：千円）

（借方）株式報酬費用(*2) 3,000	（貸方）新株予約権 3,000

（*2） 3,000千円＝((10人×10個)－<u>0個</u>)×60千円×12カ月/24カ月

付与日において，失効見積数を十分な信頼性をもち，見積もれる場合は，(*1，2)の下線部をその「失効見積数」に替えるんだ！

4-12 権利確定前の会計処理②

権利確定条件によりサービスの提供期間の考え方が変わる！

§4-9でみたとおり，費用になるタイミングは，ストック・オプションが行使可能になる条件によって異なるため，いくつかのケースを具体的な設例をもとに考えていきましょう。

A　すぐに行使できる場合

ストック・オプションの付与と同時に行使できるとは，従業員等は将来的に働かなくとも新株予約権を行使できるということで，すでに会社に対して労働の提供を行っていると考えられます。したがって，**付与と同時に費用処理**されます。

B　業績が条件になっている場合

権利確定条件が，業績条件の場合には，会社は将来の業績の予測を行い，いつ時点でその利益を達成する見込みであるかを見積もります。そのうえで，**付与日から業績達成見込みの期間で費用計上**を行うこととなります。業績見込みを達成するまでは新株予約権が確定されないことから，業績条件を達成するまでは，労働を提供すると考えられるため，この期間にわたって費用処理を行います。

C　株価が条件になっている場合

株価が条件となる場合，将来の株価を予測することは通常困難です。したがって，Aの場合と同様，付与と同時に費用処理されることとなります。

権利確定条件によるサービスの提供期間

【前提】§4-11の前提のうち，⑥が下記条件の場合のX1/4/1（付与日）および，X2/3/31（付与後初めての期末日）の会計処理はどうなるか？

A ⑥権利確定条件が付いておらず，付与と同時に権利行使が可能である（⑦は，付与後～X3/12/31となる）。

■X1/4/1（付与日）一時に費用を計上する

（借方）株式報酬費用$^{(*1)}$ 6,000	（貸方）新株予約権 6,000

（＊1） 6,000千円＝((10人×10個)－0個)×60千円
一時に費用化したため，以降，仕訳不要。

B ⑥権利確定条件が「営業利益を10億円達成すること」である。
　付与時の見込みでは，X3/3/31に当該条件を達成する。X2/3/31の営業利益は7億円と達成していないが，X3/3/31の業績達成の見込みは変えていない。

■X1/4/1（付与日）対象となる従業員の勤務がないため，仕訳なし

仕訳なし

■X2/3/31（期末日）付与日の見込みより，権利確定日をX3/3/31と見込む

（借方）株式報酬費用$^{(*2)}$ 3,000	（貸方）新株予約権 3,000

（＊2） 3,000千円＝((10人×10個)－0個)×60千円×12カ月/24カ月

C ⑥権利確定条件が「株価が500円以上になる」ことである。
　株価が500円以上になる時期を，合理的に予測することは困難であるため，そのような予測を行わない。

■X1/4/1（付与日）権利確定日の予想を行わないため，付与日に一時の費用とする

（借方）株式報酬費用$^{(*3)}$ 6,000	（貸方）新株予約権 6,000

（＊3） 6,000千円＝((10人×10個)－0個)×60千円
一時に費用化したため，以降，仕訳不要。

複雑でめまいがする…。

4-13 失効時・行使時の会計処理

失効のタイミングで会計処理が変わる！

① 失効時

権利不確定により失効した場合，また，権利不行使により失効した場合の会計処理を考えてみましょう。失効が生じた場合の会計処理のポイントは，**失効が生じた時点**です。

権利確定前の失効は，条件が確定せずに契約が中止されたと考えます。失効に係る過去に計上した株式報酬費用は取り消します。

| (借方) 新株予約権 | ××× | (貸方) 株式報酬費用 | ××× |

一方，**権利確定後の失効**は，過去における労働の費消自体は，否定されるものではありません。ただし，会社は株式を引き渡す義務を免れることになります。そこで失効したストック・オプションの金額を特別利益として計上することとなります。

| (借方) 新株予約権 | ××× | (貸方) 新株予約権戻入益 | ××× |

② 行使時

行使が行われた場合はどうなるでしょうか。新株予約権が行使済みとなる一方，株式が発行され，行使価格の現金が振り込まれます。会計処理としては，ストック・オプションを資本金等へ振り替えるとともに，行使で流入された金額を資本金等に計上します。

| (借方) 現金預金 | ××× | (貸方) 資本金等 (*) | ××× |
| (借方) 新株予約権 | ××× | | |

(*) 資本金または資本準備金。取扱いについては，ストック・オプション発行時の契約で決められる。

失効・行使に係る会計処置

【前提】§4-11の前提のうち，⑨のみ異なる。また追加で⑩~⑫の条件が付く。
⑨ 付与された従業員のうち，2人は，X2/4/1に退職した。残り8人はX3/3/31まで勤務し，権利が確定した。
⑩ X3/6/30に2人が行使をせずに退職をした。
⑪ X3/9/30に6人が行使をした。
⑫ A社の株式の交付方法は新株発行により，払込金額はすべて資本金とする。
　以上の条件における，X1/4/1，X2/3/31，X3/3/31，X3/6/30，X3/9/30の会計処理はどうなるか？

■X1/4/1（付与日）

仕訳なし

■X2/3/31（期末日） （単位：千円）

（借方）株式報酬費用　3,000	（貸方）新株予約権　3,000

X1/4/1，およびX2/3/31の会計処理の考え方は，§4-11と同様。

■X3/3/31（期末日・権利確定日） （単位：千円）

（借方）株式報酬費用(*1) 1,800	（貸方）新株予約権　1,800

(*1) 1,800千円＝(10人－2人)×10個×60千円－3,000千円
3,000千円は，前期末までに計上した新株予約権の金額

■X3/6/30（従業員退職によるストック・オプション失効） （単位：千円）

（借方）新株予約権(*2) 1,200	（貸方）新株予約権戻入益　1,200

(*2) 1,200千円＝2人×10個×60千円

■X3/9/30（従業員により権利行使） （単位：千円）

（借方）現金預金(*3)　　600 　　　　新株予約権(*4) 3,600	（貸方）資本金　4,200

(*3) 600千円＝6人×10千円×10株
(*4) 3,600千円＝6人×10個×60千円

4-14 財貨またはサービスの対価として新株予約権等を付与する場合の会計処理

より高い信頼性をもって測定可能な評価額で測定

　ここまで，従業員等にストック・オプションを付与する場合を解説してきましたが，今度は，財貨またはサービスの対価として，外部者に新株予約権（または自社株式）を付与する場合を考えてみましょう。

　従業員等に付与する場合と異なるのは，会社に提供される対象物の評価額の信頼性です。インセンティブにより提供される労働報酬額の測定は困難です（§4-6）。

　一方，財貨またはサービスの場合はどうでしょうか？　同等の財貨またはサービスが第三者間で販売されていたりサービスが提供されていたりするものなので，外部価格があり，評価額に信頼性があると考えられます。そこで，取得した財貨またはサービスの取得価額は，以下のように算定するとされました。

> 次のいずれか，**より高い信頼性をもって測定可能な評価額**
> ①契約日の新株予約権（または株式）の公正な評価額
> ②契約日の取得対象となる財貨またはサービスの公正な評価額

　「付与されるのが株式か新株予約権か」，また「発行会社が上場しているか非上場か」で，算定方法も公正な評価額の精度（1つの数値に決まるか，一定の幅があるか）が異なります。したがって①と②のいずれがより高い信頼性をもって測定可能かということも勘案することとなります。

§4 無償ストック・オプションの会計処理　81

取得した財貨またはサービスの取得価額は？

A 上場会社×新株予約権の付与の場合→①契約日の新株予約権の公正な評価額をもとに算定！

ただし ②に客観的な市場価格があるなら…

有価証券　時価 6,500千円
土地　鑑定額 7,000千円

②のほうが適切な場合もありえる。

B 上場会社×自社株式の付与の場合→①契約日の株価をもとに算定！

	終値
○×商事	480

例　10千株付与の場合：
480円/株×10千株
＝4,800千円

C 非上場会社×新株予約権の付与の場合→②に市場価格がある場合、または②の市場価格を合理的に見積もることができる場合は、②をもとに算定！

有価証券　時価 6,500千円
土地　鑑定額 7,000千円

D 非上場会社×自社株式の付与の場合→Cの場合と類似するが、株価算定に基づき、第三者割当増資や株式の売買をしている場合は、これらの情報をもとに、算定が可能な場合もある。

○×商事御中
株価算定報告書
△▲コンサルティング

キーワードは信頼性ね♦

時代を映し出すストック・オプション!?

　いわゆるITバブルのころ，IPOを目指すベンチャー企業などが盛んに，ストック・オプションを発行していました。上場するや否や役員や従業員はストック・オプションを行使し，何千万，場合によっては，何億円という報酬を得，羨望の眼差しで見られていたものです。

　会社が使うストック・オプションの条件も，時代により変わってきます。かつては，所得税法上のメリットが受けられる税制適格ストック・オプション（§7-3）がよく使われていましたが，次第に株式報酬型ストック・オプション（§1-5）が活用されるようになります。業績に連動しない点が批判される役員退職慰労金制度の代替として，多くの会社で用いられるようになったのです。

　近年は，付与時に払い込みが必要となる有償ストック・オプション（§5）を発行する会社も増えてきています。しかし，これも今回，会計基準が制定されたことで，変化があるかもしれませんね。

株式報酬という，より広い枠組みで見ると，リスト・リクテッドストックなども今後の普及が予想されるね。

§5 権利確定条件付き有償ストック・オプションの会計処理

「権利確定条件付き有償ストック・オプション」を発行する会社が増えてきました。「公正な価格」に見合う額を付与された従業員等が払い込むといった経済的な性質が,従来の新株予約権と異なるものです。
こうした性質の新株予約権の会計基準が明確でなかったため,新たな基準がつくられました。

無償ストック・オプション
会計基準と大部分,
同じなんだ。
異なるところを
しっかりおさえよう。

§5では,以下の会計基準について略して表現しています。
・従業員等に対して権利確定条件付き有償新株予約権を付与する取引に関する取扱い⇒有償ストック・オプション会計基準
・ストック・オプション等に関する会計基準⇒無償ストック・オプション会計基準
・払込資本を増加させる可能性のある部分を含む複合金融商品に関する会計処理⇒複合金融商品適用指針

5-1 有償ストック・オプションのスキームは？

「権利確定条件付き新株予約権の公正な評価額」の計算方法

　近年，従業員等を対象とする権利確定条件付き有償新株予約権（以下「有償ストック・オプション」）を導入する会社が増えてきました。

　有償ストック・オプションの特徴的な点は，「**権利確定条件を付けることで新株予約権の価値（＝取得者の払込金額）を下げる**」ことです。これはどのようなスキームなのでしょうか？　**権利確定条件が付いた公正な評価額**がどのように求められるか見てみましょう。

公正な評価額 （権利確定条件**あり**）	＝	公正な評価単価 （権利確定条件**なし**）	×（付与数－失効見積数）
	＝	公正な評価単価 （権利確定条件**なし**）	× 付与数 × **権利確定割合** （見積り）

　権利確定条件には，「会社の営業利益が〇億円以上になる」とか「株価が〇円以上になる」といった業績条件や，「権利行使時に従業員等であること」といった勤務条件等があります。条件達成は将来のことなので，権利が確定する割合は100％未満，つまり，権利確定条件を付けることで公正な評価単価が下がります。たとえば，権利が確定する割合を10％と見込めば，権利確定条件を付した公正な評価額は，条件が付いていない場合の10％と，低くなるというわけです。

　1つ問題なのは，**権利確定割合の見積りには高い不確実性がある**ことです。

権利確定条件付きの新株予約権の公正な評価額

新株予約権の公正な評価額（権利確定条件あり）
= ① 新株予約権の公正な評価単価（権利確定条件なし） × ② 付与数 × ③ 権利が確定する割合

① 発行条件をもとに確立した方法で算定される
② 確定している
③ 過去データ等から見積もるが不確実性あり

たとえば、①が100円/個、②が10個で③を10%と見積もったとする。この場合の付与時の新株予約権（権利確定条件あり）は100円と計算され、100円が払い込まれる。

でも、実際の権利確定割合が50％なら、正確な価値は500円（=100円/個×10個×50％）なんだ。差額の400円は、どう考えればいいんだろうか？

増えた400円の性質については2つの説が！（§5-2）

5-2 有償ストック・オプションの対価は金銭だけ？

労働も対価とするか否かで議論が分かれる

　有償ストック・オプションの性質については，「投資（金融商品）である」という説と，「報酬の性格も持つ」という説があります。

	「投資（金融商品）」説	「報酬の性格も持つ」説
発行目的	従業員等へ投資の機会を与えるため	投資目的を否定しないが，報酬の意味合いもある
業績条件を付す意味	希薄化を懸念する既存株主の不安を払拭し理解を求めるため	従業員等からインセンティブをひきだし，追加的労働サービスを期待するため
無償ストック・オプションとの類似性	付与時の金銭の払込の違いが重要である	付与時の金銭の払込以外，取引条件が類似
報酬とインセンティブ効果の関係	報酬とインセンティブ効果は別物である	報酬とインセンティブ効果は関連性がある
公正な評価額が増加した場合の性質（§5-1）	金融商品の取得後の価値の変動によるものである	業績達成のインセンティブ効果を反映するものであり，報酬の性格あり

　企業会計基準委員会は，検討のうえ「**報酬の性格も持つ**」という説をとりました。つまり有償ストック・オプションは，新株予約権の付与に際し，会社に払われた金銭だけでなく，業績条件を達成すべく，従業員等が追加提供するであろう労働に対する報酬も対価と考えたのです。

有償ストック・オプションは2つの性格を併せ持つ！

有償ストック・オプションは，「従業員への投資機会の提供」という性質だけでなく，「報酬」としての性格を併せ持つと位置付けられた。

このため，投資として支払った金額と報酬部分それぞれの会計処理を示す新たな会計基準の作成が必要となった。

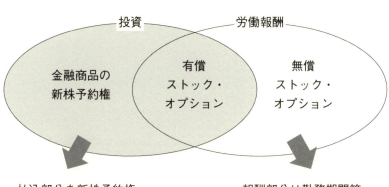

払込部分を新株予約権として処理する

報酬部分は勤務期間等に応じて費用化

将来，株価が上がって儲かりそうだから，買っておこう

業績を達成するためにがんばるぞ！

5-3 有償ストック・オプションの会計基準とは？

金銭と労働の両方を対価とする新株予約権の会計処理

近年，発行が増えてきた有償ストック・オプションは，**金銭と労働の両方を対価とする**新たな概念の新株予約権です（§5-2）。

新株予約権に関連し，従来2つの会計基準がありましたが，それぞれは「金銭と労働」といった両方を対価とする新株予約権は想定していませんでした。そこで，第3の会計基準が作成されました。それが「有償ストック・オプション会計基準」です。

■3つの会計基準で取り扱われる新株予約権の対価

会計基準	金銭	労働
無償ストック・オプション会計基準	なし	あり
複合金融商品適用指針	あり	なし
有償ストック・オプション会計基準	あり	あり

Check! 複合金融商品適用指針で処理される新株予約権とは？

「払込資本を増加させる可能性のある部分を含む複合金融商品」とは，結局どんな新株予約権なのか，気になりますね。具体的には，転換社債型新株予約権付社債や，転換社債型以外で，社債に新株予約権がセットされているものを指します。また会計基準名で複合金融商品とうたっていますが，複合金融商品でない新株予約権も対象としています。

有償ストック・オプション会計の基本

有償ストック・オプションの会計処理をざっくりまとめると以下のようになる。

付与日

STEP 1
ストック・オプションの対価として払い込まれたお金を新株予約権を相手勘定として処理する。

| （借方）現金預金　　　XXX | （貸方）新株予約権　　　XXX |

STEP 2
ストック・オプションの対価の労働部分を算定する。
労働報酬＝付与日のストック・オプションの価値－払込金額

STEP 3
労働報酬を権利確定日までに按分し，費用計上する。

| （借方）株式報酬費用　　XXX | （貸方）新株予約権　　　XXX |

権利確定日

無償ストック・オプションの会計処理に似ているね…。
「ただし，通常，付与日では労働の対価は『0』となる？」とすると費用計上はどうなるの？

5-4 有償ストック・オプション会計基準の範囲①

対価が「お金と労働の混合」のものをさがせ！

　有償ストック・オプション会計基準は，「お金」だけでなく，「労働」も対価に含む新株予約権を想定しています（§5-3）。

　そのため，第一に「**ストック・オプションの取得に際し，会社にお金が支払われること**」が適用要件となります。

　第二の適用要件は「**ストック・オプションの取得に際し，従業員等が会社に労働を提供すること**」です。ただの労働ではありません。「ストック・オプションを付与したことで，従業員等が追加的に提供する（と会社が期待する）サービス」です。では，ストック・オプションにどういう条件を付ければ，こういったサービスが提供されるのでしょうか？

　「追加的なサービス」とは，「会社の業績を良くするために従業員等がこれまで以上の付加価値を作るべく働く」といったことでしょうか。そこで「会社の業績」を権利確定条件とすることが考えられます。市場という要因が入り，間接的になりますが，「株価」を権利確定条件とすることもあるでしょう。これらは**業績条件**と括られます。

　「追加的なサービス」は従業員等が勤務し続けることが前提です。辞めてしまっては，会社のために働けないからです。ということで，「勤務し続ける」という**勤務条件**を権利確定条件とすることも考えられます。

　有償ストック・オプション会計基準では，権利確定条件が「勤務条件及び業績条件が付されている」，または「勤務条件は付されていないが，業績条件が付されている」ものを対象とします。これらについて，**§5-5**でもう少し掘り下げてみましょう。

権利確定条件の効果

権利確定条件として付けられる勤務条件や業績条件にはどんな効果があるか？

■勤務条件：従業員等を会社にとどまらせる効果がある。

辞めると，ストック・オプションがもらえなくなってしまう…

株式上場を目指すような会社では，優秀な人材の確保が特に重要で，ストック・オプションがよく活用されるよ。

■業績条件：業績を上げるためのインセンティブ効果が強くなる。

①業績条件を付けない場合　　　②業績条件を付ける場合

ラッキー！株価上がった！

ストック・オプションを行使できるよう，業績を上げるぞ！

株価＞行使価格にならないと，儲からないという点があるが，強いインセンティブにはならない。

業績条件を達成しないと，権利確定すらされないため，強いインセンティブになる。

5-5 有償ストック・オプション会計基準の範囲②

勤務条件がない場合も適用範囲に含める理由

§5-4のとおり、有償ストック・オプション会計基準の適用要件には**権利確定条件**があり、以下のいずれかであることが求められます。

	勤務条件	業績条件
パターンA	付されている	付されている
パターンB	付されていない	付されている

業績条件により従業員の「追加的サービス」が期待されます。また、追加的サービスの前提として、**勤務条件**が付されます（**§5-4**）。

これから「追加的サービスが提供される（＝労働を期待する）」には、**業績条件と勤務条件の両方が必要**と思われます。しかし、両方を権利確定条件とするパターンAだけでなく、勤務条件は付されていないパターンBも、有償ストック・オプション会計基準の範囲とされています。これは以下の理由からです。

(1) 業績条件として数年後の業績指標が設定されている場合、勤務条件を明示していなくても、会社がそれまでの期間の勤務を期待していると考えられる。

(2) 無償ストック・オプション会計基準では、権利確定条件が付されているか否かによらず、「従業員等に報酬として付与した新株予約権」を同基準の対象（報酬として費用化する）としている。これを勘案すると、勤務条件が付いていないだけで、報酬としての性格を持たないとする（報酬として費用化しない）のは適当でない。

権利確定条件による会計処理

業績条件,勤務条件の2つの権利確定条件の有無による会計処理は原則,以下のようになる。

	勤務条件あり	勤務条件なし
業績条件あり	有償ストック・オプション会計基準に従う	有償ストック・オプション会計基準に従う
業績条件なし	明確にされていない	複合金融商品適用指針に従う

業績条件が付与されている場合も,新株予約権の対価に,労働や業務執行等が含まれていないと立証できる場合は,ストック・オプションに該当しないんだ。この場合,複合金融商品適用指針に従うことになるが,報酬に該当しないという反証はかなり難しそう…。

5-6 有償ストック・オプション会計基準の範囲③

付与対象者は「従業員等」の場合に限定される

　有償ストック・オプション会計基準の適用要件として，引受先，すなわち，付与対象者の条件もあります。付与対象者は従業員等（会社と雇用関係のある使用人，取締役，会計参与，監査役，執行役員，これに準じる者）の場合に限定されます。すなわち，「子会社の従業員等」は範囲外となっています。

　従来の無償ストック・オプション会計基準では，従業員等のほか，子会社の従業員等に新株予約権を付与する場合も適用範囲に含めています。こうした取引がなされるのは，会社の投資先である子会社の投資価値を向上させるようなサービス提供を期待するためと考え，対価性を認めたのです。

　有償ストック・オプション会計基準を決める際も，「子会社の従業員等を付与対象者とする取引」を範囲に入れるべきという意見がありました。しかし，当基準の制定意図が「普及してきた有償ストック・オプションの会計処理の明確化」であるため，その範囲は典型例である「付与対象者が従業員等の取引」以外には広げないこととされました。

> **Check!　有償ストック・オプション会計基準はフレキシブル**
> 　有償ストック・オプション会計基準では，適用範囲となる取引を挙げていますが，「概ね次の内容で発行される」という表現が用いられています。これは挙げた内容と大きく異ならない取引については，実態に応じて適切に判断できるようにするためです。

有償ストック・オプション会計基準の範囲

有償ストック・オプション会計基準と無償ストック・オプション会計基準の範囲のちがいは,「有償か無償か」だけではない。

ケース	有償ストック・オプション会計基準	無償ストック・オプション会計基準
付与対象者が会社と雇用関係にある使用人,取締役,会計参与,監査役,執行役員,これに準じる者の場合	含む	含む
付与対象者が子会社の従業員の場合	含まない	含む
外部の者から提供される財貨またはサービスの対価として,新株予約権または自社株式を付与する場合	明確にされていない	含む
市場価格があるストック・オプション	含まない	想定されていない

市場価格があり,その市場価格と同額を従業員等が会社に払い込むなら,金融商品取引と考えられるね。だからこの場合は,複合金融商品適用指針で処理するのが,適切なんだ。

5-7 有償ストック・オプションの会計処理①

大半は無償ストック・オプション会計基準に準拠

有償ストック・オプション会計基準では，経済的性質に応じた会計処理を行います。すなわち，ストック・オプションの価値を「払込金額」と「株式報酬費用」に分け，以下のように処理します。

ストック・オプションの価値	＝	払込金額	＋	株式報酬費用
		↑払込時に純資産の新株予約権に計上		↑対象勤務期間等に応じ，報酬費用とする

株式報酬費用を対象勤務期間等に応じて費用化していくのは，無償ストック・オプションの場合と同様で，会計処理も同基準を準用しています。ですから有償ストック・オプション会計基準を理解するには，無償ストック・オプション会計基準と異なる点を中心におさえれば，理解しやすいのです。以下，§5-8～5-11で有償ストック・オプションの会計処理の特徴を見ていきましょう。

Check! 新基準適用で会社の費用負担額は増える？

新基準作成前は有償ストック・オプションの会計処理は明確でなく，複合金融商品適用指針を用いて，払込金額を新株予約権として計上するのみという処理が大半だったようです。つまり報酬として費用化はされておらず，新基準適用により，費用負担額は増えることとなります。

新株予約権の性質に合った会計処理は？

■金銭が払い込まれる場合(複合金融商品適用指針)

新株予約権の対価を純資産に計上する。
例　新株予約権の公正な評価額30の場合

| (借方)現金預金 | 30 | (貸方)新株予約権 | 30 |

■労働が提供される場合(無償ストック・オプション会計基準)

対象勤務期間等に応じ、新株予約権の対価を費用化していく。
例　新株予約権の公正な評価額30、対象勤務期間3年の場合

| (借方)株式報酬費用 | 10※ | (貸方)新株予約権 | 10 |

※　10＝30÷3

有償ストック・オプションの場合，金銭が払い込まれるだけでなく，労働の提供もあると考えるとすると，両者を混合したような処理が合理的だね。

5-8 有償ストック・オプションの会計処理②

払込部分の会計処理

　有償ストック・オプションの付与に伴う従業員等からの払込金額は，純資産の部に新株予約権として計上します。その後は，失効の場合，利益に，権利行使時に資本に振り替えられます。これらの場合の会計処理を株式報酬に対応する部分と比較してみましょう。

■失効または権利行使に対応する部分の会計処理

場合	払込金額に対応する部分	株式報酬に対応する部分
権利不確定(*1)による失効	利益に振り替える	費用を取り消す
権利不行使(*2)による失効	利益に振り替える	利益に振り替える
権利行使	資本に振り替える	資本に振り替える

（*1）　権利確定条件が達成されなかったことによる失効
（*2）　権利行使をしないまま行使期間が終了したことによる失効

　株式報酬に対応する部分の会計処理は，無償ストック・オプションの場合と同じです（§4-13）。これは，株式報酬に対応する部分は，無償ストック・オプションと同様の性質であるためです。
　権利不確定による失効の会計処理に注目してみましょう。両者の処理が異なります。払込金額に対応する部分のもとの相手科目が現預金（資産）であるので，権利不確定になった場合，利益として処理するしか方法がないのです。
　権利不行使の場合と権利行使の場合では，両者の処理は，結果的に同様の会計処理となります。

払込部分の会計処理

【前提】A社は，X1/1/10に従業員10人に有償ストック・オプションを付与することを決議し，X1/2/1に従業員10人から金銭が振り込まれ，有償ストック・オプションを付与した。各条件は以下のとおり。

① 有償ストック・オプションの数：1人あたり10千個（合計100千個）
② 行使により付与される株式の数：合計100千株
③ 決議日の前日の株価の終値：700円，権利行使価格：700円
④ 権利確定日：X4/3/31
⑤ 権利行使期間：X4/4/1～X6/3/31
⑥ 権利確定条件A：X4年3月期の営業利益が10億円を超えること
⑦ 権利確定条件B：権利確定日に従業員の地位であること
　※権利確定にはA・B両方が必要
⑧ 有償ストック・オプションは，他者に譲渡できない。
⑨ 付与日の有償ストック・オプションの権利確定条件のない公正な評価単価：90円/個
⑩ 従業員の退職による失効見込0
⑪ 業績条件から権利確定が見込まれる割合：20%⇒ストック・オプション数：20千個（見積失効数：80千個）
　※失効の見積りは十分な信頼性があると仮定する。
⑫ 払込金額：18円/個（＝90円/個×20%）

■X1/2/1（払込日/付与日）の会計処理　　　　　　　　　（単位：千円）

(借方) 現金預金 (*1)	1,800	(貸方) 新株予約権 (*2)	1,800

(*1) 1,800千円＝18円/個×100千個
(*2) 1,800千円＝90円/個×100千株×20%

有利発行にならないよう，このように，評価額と払込金額が釣り合うようにするんだ。

注　付与日以降の会計処理は§5-9に続きます。

5-9 有償ストック・オプションの会計処理③

報酬部分の会計処理

　株式報酬費用とは,「ストック・オプション付与により従業員等から追加的に提供されると期待される労働の対価」ですが,これを信頼性をもって測定することは困難です。そこで,より信頼性をもって測定することができるものから算定します。

　§5-7の式を変形させると,以下のようになります。

| 株式報酬費用（総額） | = | Ⓐストック・オプションの公正な評価額（対価） | − | Ⓑ払込金額 |

　しかし,考えてみると,付与時には,有利発行にならないよう,ⒶとⒷは,等しくなっているはずです(§5-8参照)。そうすると,**付与時点の株式報酬費用は0**,つまり費用化は不要となります。

　では会社が株式報酬費用をずっと認識しなくてよいかというとそうではありません。公正な評価額はこのように分解されます(§5-1)。

| 公正な評価額 | = | 公正な評価単価 | × | （付与数−**失効見積数**） |

　付与時の公正な評価額は,付与時点の失効見積数により算定されます。権利確定条件に関わる諸条件が変化すると,失効見積数が変動し,これに伴い公正な評価額も変わります。失効見積数に大きな変動がある場合,公正な評価額を見直し,見直し前の評価額との差は損益として計上しなければなりません。仮に**失効見積数が付与時より減少した場合**は,差は損失側となる,すなわち,**株式報酬費用を認識する**こととなるのです。

報酬部分の会計処理

【前提】§5-8の前提に下記が加わる。
⑬ X2年3月期およびX3年3月期において，権利不確定による失効数の見積りを変更する状況の変化はなかった。
⑭ X4年3月末にX4年3月期の営業利益が10億円を超える業績条件を充足することが明らかとなった。そのため，権利確定が見込まれる有償ストック・オプションの数量は100千個であることが判明した。
⑮ X5年5月（X6年3月期）に10人全員が権利を行使した。

■X2年3月期およびX3年3月期の会計処理

　株式報酬費用の総額（付与日における有償ストック・オプションの公正な評価額－払込金額）を対象勤務期間等で費用化するが，<u>付与時点で株式報酬費用の総額が0</u>である。また，X2年3月期およびX3年3月期で，権利不確定による<u>失効数の見積りを変更する状況の変化はなかったため，費用として計上する額はない</u>。

　よって，**仕訳不要**。

■X4年3月期の会計処理

　権利不確定による失効の見積数に重要な変動が生じたため，有償ストック・オプションの数量を見直す。これに伴い株式報酬費用が生じたため，これを費用化する。 （単位：千円）

（借方）株式報酬費用(*1)	7,200	（貸方）新株予約権	7,200

（*1） 7,200千円＝（公正な評価額90円/個×権利確定と見込まれる数100千個）－払込金額1,800千円－これまでに費用化した額0千円

■X5年3月期の会計処理

　権利行使されていないため，**仕訳不要**。

■X6年3月期の会計処理

　権利行使を受け，A社は新株を発行する。 （単位：千円）

（借方）現金預金(*2)	70,000	（貸方）資本金	79,000
新株予約権(*3)	9,000		

（*2） 70,000千円＝700円/株×10人×10千株
（*3） 9,000千円＝払込金額1,800千円＋株式報酬費用7,200千円

5-10 有償ストック・オプションの会計処理④

株式報酬費用の総額が意味するところ

　有償ストック・オプション会計基準では，権利確定日に「失効見積数」を「失効実数」に置き直し，公正な評価額を算定し直します。つまり，権利確定日には見積り要素が排除されるのです。

| 公正な評価額（確定） | ＝ | 公正な評価単価 | × | （付与数－**失効実数**） |

　付与時から通算した株式報酬費用は，以下のようになります^(*)。

| 株式報酬費用＝公正な評価額（確定）－公正な評価額（付与時） |
| 　　　　　　＝公正な評価単価×(**付与時の失効見積数－失効実数**) |

(*)　確定日のストック・オプションの公正な評価額＝公正な評価額×(付与数－失効実数)
　　 付与時のストック・オプションの公正な評価額＝公正な評価額×(付与数－付与時の失効見積数)

　つまり，見積りと確定した公正な評価額の差分を株式報酬費用で負担するということになります。従業員の頑張りが付与時の予想を超えたと考えれば，差分を報酬として費用認識するのは，自然ですね。**「権利が確定する割合」**には**確立した算定方法がない**（§5-1）ため，「付与時の権利確定条件付き新株予約権の公正な評価額」が不正確になる可能性がありますが，見積り誤り部分を株式報酬で処理することで，是正されるのです。

失効見積数と失効実数の大小と損益の関係

■失効見積数 ＞ 失効実数の場合
【前提】§5-8および5-9と同じ
　失効見積数　80千個＞失効実数　なし
　払込金額　　1,800千円
　株式報酬費用　7,200千円
　権利確定日の公正な評価額　9,000千円

■失効見積数 ＜ 失効実数の場合
【前提】失効実数：90千個
失効実数以外の条件は，§5-8および5-9と同じ
　失効実数　90千個→権利行使数10千個
　株式報酬費用
　＝（公正な評価単価90円/個×権利確定数10千個）－払込金額1,800千円＝▲900千円（マイナスのため，利益となる）

5-11 会計基準の適用時期

適用日前に付与した取引の処理は？

　有償ストック・オプション会計基準は，平成30年4月1日以後，適用されます。ただし，適用を同基準の公表日（平成30年1月12日）に前倒しすることも認められます。

　適用に当たっては，**遡及適用を原則**とします。遡及適用とは，新たな会計方針を過去の決算書にさかのぼって適用していたかのように会計処理することです。たとえば，これまで複合金融商品適用指針に基づき，払込金額を新株予約権に計上するといった会計処理をしていた場合でも，当初から，株式報酬費用も計上していたようにみなして会計処理します。みなし計上した株式報酬費用の額だけ利益剰余金が減少し，新株予約権が増加します。

　新株予約権は，行使後，払込資本に振り替えられますが，この時の科目に注意です。株式報酬費用の部分だけ新株予約権が遡及して増加するとはいえ，払込資本を算定した会社法上の額は修正されません。このため増加した新株予約権から振り替える科目は，資本金または資本準備金でなく，**その他資本剰余金**として処理されることになりました。

　遡及適用が原則ですが，多くの会社がこの基準の公表日より前に，有償ストック・オプションを付与してきたため，実務の負荷を勘案し，**例外的措置**がとられています。本会計基準の適用日より前に付与されたものについては，従来の会計方針をとることができるというものです。なお，この場合は投資家への情報のため，ストック・オプションの概要や採用している会計処理といった定性情報は開示することになりました。

遡及適用した場合の会計処理

【前提】X社は，有償ストック・オプション会計基準の適用日より前に，有償ストック・オプションを発行している。権利は確定しており，以下の状況である。

① 付与日の権利確定条件のない公正な評価単価：90円/個
② 従業員等が新株予約権取得に払い込んだ金額：18円/個
③ 付与した有償ストック・オプションの数：計100千個
④ 確定した有償ストック・オプションの数：計100千個
⑤ ストック・オプション1個につき，行使できる株式：1株
⑥ 行使価格：700円/株
⑦ 同基準の適用日時点で，ストック・オプションは，30千個が行使済み，70千個が未行使で残っている（失効したストック・オプションはない）。
⑧ 従来，行使時に，新株予約権および行使価格は，資本金に振り替えている。

■原則処理をとった場合の仕訳累積イメージ　　　　（単位：千円）

処理項目	借方		貸方	
A 新株予約権の払込	現金預金 18円/個×100千個	1,800	新株予約権	1,800
B 付与から確定までの株式報酬	利益剰余金 （株式報酬費用） (90－18) 円/個×100千個	7,200	新株予約権	7,200
C1 新株予約権（払込部分）	新株予約権 1,800千円×30千個/100千個	540	資本金	540
C2 新株予約権（株式報酬）	新株予約権 7,200千円×30千個/100千個	2,160	その他資本剰余金	2,160
C3 権利行使（行使価格）	現金預金 700円/個×30千株	21,000	資本金	21,000

BとC2が、従来の会計処理（例外処理）と異なる部分だ！C2では、科目にも注意！

COLUMN

アメだけでない
ムチにもなるストック・オプション!?

　オプションとは権利の取引を意味し，ストック・オプションとは，「会社から株式の交付を受ける**権利**」です。つまり権利行使で損が出るような場合や，もっと良い権利行使のタイミングがあると期待する場合は，権利行使をしなくてよいのです。

　ところが有償ストック・オプションのなかには，「株価が○○円を下回った場合には権利行使を**義務付ける**」といった条件を付ける例があります。株価下落の局面で権利行使をするのは，マイナスの経済負担を負うということです。これを避けたいという気持ちをインセンティブ効果につなげようと設計したのでしょうね。通常のストック・オプションが「アメ」なら，「義務付けバージョン」は「ムチ」というところでしょうか？

　有償ストック・オプション会計基準では，こうしたタイプのものは想定されていませんが，今後もし普及すれば，これに対する取扱いが定められる可能性もあります。その場合，どういう取扱いになるのか，興味深いですね。

アメもムチも自由自在さ…

§6 ストック・オプションの評価方法

自社で発行するストック・オプションの評価額を決定するにあたっては,金融機関をはじめとした外部の専門家を利用することが一般的です。そこで,本章では,具体的な算定モデルの中身には踏み込まず,何がその価値に影響を及ぼすのかといった評価に関する基本的事項を説明します。

概略がわかっていれば,実務上は十分だよ!

6-1 ストック・オプションの評価方法

評価方法は，他のオプション取引と同じ

　ストック・オプションの評価は，**公正な評価額**によるとされており，以下の算式で表されます。

| 公正な評価額 | ＝ | 公正な評価単価 | × | ストック・オプション数 |

　ストック・オプションは，株式を取得できる権利であり，オプション取引の一種です。このため，公正な評価単価の算定にあたっては，他のオプション取引と同様，市場価格が観察できるのであれば，これを用います。しかし，通常，市場での流通量が少ないことに加え，ストック・オプションについては極めて個別性が強いことから，その市場価格が観察できることはほとんどありません。そこで，**株式オプション価格算定モデル等の評価技法**を利用して合理的な価額を見積もり，これを公正な評価単価とすることになります。

　算定モデルの代表例としては，ブラック・ショールズ・モデルや二項モデルが広く知られています。

> **Check!** ストック・オプションは，なぜ個別性が強い？
> 　ストック・オプションは，その性格上，他のオプション取引よりも，行使期間が長期に設定されます。このため，仮に，市場で株式のオプション取引が活発な企業であっても，ストック・オプションと同条件のオプション取引の市場価格が観察できることは，ほとんどありません。

§6 ストック・オプションの評価方法　109

ストック・オプションの評価方法

ストック・オプションはオプション取引の一種なので，時価（＝公正な評価額）で評価する

⬇

| 市場価格がある場合 | ➡ | 市場価格に基づく価額 |

| 市場価格がない場合 | ➡ | 合理的に算定された価額 |

⬇

| ストック・オプションには通常，市場価格がない | ➡ | 株式オプション価格算定モデル等の評価技法を利用して合理的な価額を見積もり，評価額とする |

株式オプション価格算定モデルには，二項モデルやブラック・ショールズ・モデルが知られているね。
実務上は，ブラック・ショールズ・モデルを使用することが多いよ！

6-2 オプションの価値とは？

オプション価値は2つの構成要素に分けられる

　ストック・オプションの公正な評価額は，次の2つの価値によって構成されます。

ストック・オプションの公正な評価額	＝	本源的価値	＋	時間的価値

　ストック・オプションは，権利を行使して権利行使価格を支払うことで株式を取得することができる権利です。

　ある時点で，対象となる株式の株価が10,000円で，権利行使価格が7,000円というケースを想定してみましょう。この場合，権利行使し，取得した株式を即座に市場で売却することで，3,000円（売却額10,000円－権利行使価格7,000円）の利益を得ることができます。この3,000円をストック・オプションの**本源的価値**と呼びます。

　ただし，このストック・オプションの価値は，本源的価値である3,000円だけではありません。というのも，株価は日々変動し，権利行使期限までの間に15,000円になる可能性もあります。ストック・オプションは保有者にとって有利な場合にのみ権利行使すればよいという一種の権利ですから，株価が上がる可能性があるということ自体が1つの価値といえます。いわば，将来において本源的価値が増加するかもしれないという可能性に対する価値です。これは，権利行使期限までの時間的な余裕が生み出す価値といえ，ストック・オプションの**時間的価値**と呼びます。

§6 ストック・オプションの評価方法　111

ストック・オプションの公正な価値

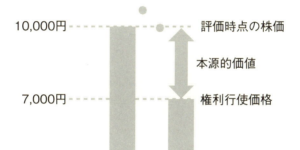

本源的価値 ＋ 時間的価値

10,000円 …… 評価時点の株価
　　　　　　　本源的価値
7,000円 …… 権利行使価格

ストックオプション全体の価値のうち，本源的価値を除いた部分が時間的価値ということか！

6-3 ストック・オプションの価値を左右するもの①

行使価格と株価

　ストック・オプションの本源的価値は，権利行使して取得した株式を即座に市場で売却した場合に得られる利益相当額です（§6-2）。すなわち，本源的価値は，以下のように表すことができます。

本源的価値　=　評価時点の株価　-　権利行使価格

　つまり，本源的価値は，評価時点の**株価**が高ければ高いほど，**行使価格**が低ければ低いほど大きくなります。

　では，評価時点の株価が権利行使価格よりも低い場合にはどうなるでしょうか。

　現在の株価が7,000円で，行使価格が10,000円のストック・オプションを想定してみましょう。この場合，合理的な意思決定を行う保有者は，権利行使をしません。権利を行使し，取得した株式を即座に市場で売却したとしても，利益が出るどころか，3,000円（売却額7,000円 - 行使価格10,000円）の損失が出てしまうからです。ただし，ストック・オプションの価値が▲3,000円かというとそうではありません。ストック・オプションは権利であり，権利行使しなければ損失を被ることはありませんので，この場合のストック・オプションの本源的価値は，0となります。**マイナスにはならない**ことに留意してください。

§6 ストック・オプションの評価方法　113

権利行使価格と株価

10,000円 ……………… 権利行使価格

7,000円 ……………… 評価時点の株価

権利行使する場合

▶ 権利行使価格10,000円を支払う
▶ 取得した株式を売却して7,000円を受け取る

3,000円の損失

権利行使しない場合

▶ 受け払いは発生しない

損益0

株価よりも権利行使価格のほうが高い場合には，権利行使せずに放棄するのが合理的だね。
だから，本源的価値はマイナスにならず，0になるんだ！

6-4 ストック・オプションの価値を左右するもの②

株価変動性（ボラティリティ）

　株価変動性（以下「**ボラティリティ**」）とは，株価の変動具合のことをいい，個別銘柄や市場全体の様子を表す際に使用します。

　ボラティリティが高いか低いかは，ストック・オプションの価値にどのような影響を与えるでしょうか？　結論からいうと，株式のボラティリティは，時間的価値にのみ影響を与えます。

　ストック・オプションの本源的価値を求める算式は，

> **本源的価値　＝　評価時点の株価　－　権利行使価格**
> （ただし，株価＜権利行使価格の場合は0）

です（§6-3）が，株式のボラティリティは，本源的価値を決める要素となっていません。

　一方，**時間的価値**とは，権利行使期限までの時間的な余裕が生み出す価値です（§6-2）。たとえば，右ページの図のボラティリティの高い銘柄Aの場合には，権利行使によって5,000円の利益を得る機会がありますが，ボラティリティが低い銘柄Bの場合には，株価が権利行使価格を上回っている期間がないため，その機会がありません。

　株式を保有している場合には，株価が大きく上がれば利益も大きくなり，大きく下がればその分損失も大きくなるので，ボラティリティには良い面と悪い面の両方があります。一方で，ストック・オプションの場合には，株価が大きく下がった場合には権利行使をしなければよいだけなので，保有者にとってはボラティリティが高いほど利益を得るチャンスが生まれるため，価値も高くなります。

§6 ストック・オプションの評価方法　115

価格変動性（ボラティリティ）とは？

銘柄A…ボラティリティが高い株式

銘柄B…ボラティリティが低い株式

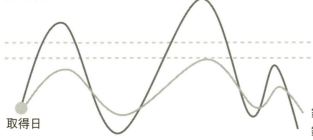

銘柄Aの高値
15,000円

権利行使価格
10,000円

銘柄Bの高値
8,000円

銘柄B
銘柄A

取得日

銘柄Aも銘柄Bも取得日時点では株価が権利行使価格を下回っている。

でも，銘柄Aは株価が大きく変動していて，株価が権利行使価格を上回っている期間があるね。

ストック・オプションの保有者にとっては，株価のボラティリティが高いほうが，権利行使できるチャンスが生まれるから，有利なんだ！

6-5 ストック・オプションの価値を左右するもの③

満期までの期間

　ストック・オプションの本源的価値は，評価時点の株価と権利行使価格の差（または0）として求められます。したがって株式のボラティリティと同様，満期までの期間の長さも，本源的価値に影響を与えることはありません。

　一方で，時間的価値には影響を及ぼします。株価は日々変動しますが，満期までの期間が長ければ長いほど，株価が大きく上昇したり下落したりする機会は増えることになります。現在から1週間以内に株価が10％以上上昇する確率よりも，1年以内に株価が10％以上上昇する確率のほうが高いというのは，感覚的にも理解いただけると思います。

　これまで解説してきたとおり，ストック・オプションは，株価が権利行使価格よりも上昇した場合には権利行使すればよく，株価が権利行使価格を下回っている状況下では権利行使する必要がありません。たとえ満期時点において株価が低迷してしまったとしても，それまでのどこかの時点で株価が上昇して権利行使価格を上回れば，ストック・オプションの保有者としては利益を得ることができるわけです。

　右ページの図では，仮に権利行使期間が1年だった場合には権利行使する機会がありませんが，2年だった場合にはその機会が生まれます。

　満期までの期間が長ければ長いほど，このような利益を得る機会は増えますので，ストック・オプションの時間的価値もその分だけ大きくなります。

満期までの期間

■取得日から2年間の株価の推移

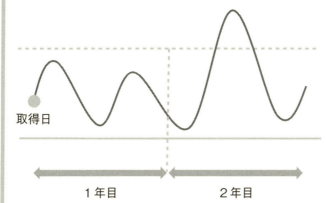

権利行使価格
10,000円

取得日

1年目　2年目

株価がこのように変動した場合には，満期までの期間が1年のストック・オプションだと，権利行使をするチャンスがない。

でも，満期までの期間が2年のストック・オプションだと，2年目に株価が権利行使価格を上回っているので，権利行使によって利益を得ることができる。

つまり，満期までの期間が長いほうが，権利行使できるチャンスが生まれるから，有利なんだ！

6-6 ストック・オプションの価値を左右するもの④

満期までの配当

　株式会社では，株主に対し，利益の分配として配当が支払われます。では，配当が支払われると，株価に対してどのような影響があるのでしょうか。配当は，会社から見ると財産の流出となります。株価は企業価値を反映しますから，配当によって企業外部に資金流出が生じた場合，その分だけ企業価値は下がり，株価も下がります。よく，ニュースなどでも，3月末になると「配当権利落ち」という言葉が使われますが，一般に，配当をもらうことができる権利の確定日を過ぎると，株価は配当の分だけ下落します。

　ストック・オプションの保有者にとっては，将来，株価が上昇し，権利行使価格を上回った場合に利益を生み出すことができるわけで，株価が上昇することを期待します。

　満期までの間に支払われる配当は，株価の下落要因となることから，ストック・オプションの保有者には負の影響を及ぼします。すなわち，配当が支払われるほど，ストック・オプションの価値は小さくなるのです。

満期までの配当

配当実施前 / 会社 / 株価500円

配当実施後 / 会社 / 株価450円

株主への配当

ストック・オプション保有者

> 配当として社外に流出してしまったから，株価が下がってしまった。ストック・オプションの保有者にとっては，配当は少ないほうが有利なんだね。

6-7 ストック・オプションの価値を左右するもの⑤

無リスク利子率

　無リスクの利子率とは，リスクフリーの状態，すなわち，デフォルト（債務不履行）の危険がなく，完全に元本が保証された状態における金利のことをいいます。厳密には，このような状態の金利を直接的に観測することはできないのですが，デフォルトリスクがほとんどないような安全性の高い国債の利回り等を無リスク利子率とみなして算出します。コールレートやLIBORなどは，無リスク利子率の１つです。

　無リスク利子率は，将来の価値を現在の価値に換算する場合の割引率として機能します。簡単な例を挙げると，無リスク利子率が年率５％の環境下においては，現在の100円は１年後の105円と等価であり，この100円と105円とを橋渡ししているのが無リスク利子率（５％）ということになります。

　右ページでは，無リスク利子率が５％の場合（ケース１）と７％の場合（ケース２）を比べています。無リスク利子率が５％の場合には，１年後の株価の理論値は10,500円となり，７％の場合には10,700円となります。株価が権利行使価格を上回っている状況（イン・ザ・マネー）においては，ストック・オプションの保有者にとって，株価が高いほど権利行使価格との差が大きくなって利益も大きくなることから，本源的価値も大きくなります。

　このことから，無リスク利子率が高ければ，ストック・オプションの価値も大きくなるという関係が理解できます。

無リスク利子率

〈ケース1〉 無リスク利子率が5％の場合

現在の株価
10,000円

1年後の株価の理論値
10,500円

〈ケース2〉 無リスク利子率が7％の場合

現在の株価
10,000円

1年後の株価の理論値
10,700円

無リスク利子率が高いほうが，将来の株価の理論値も高くなるのか。
ストック・オプションの保有者にとっては，将来の株価が高いほうが望ましいわけだから，無リスク利子率が高いほうが，ストック・オプションの価値も大きくなるということか。

評価額の算定に係る内部統制は不要か？

　この章の冒頭で，自社で発行するストック・オプションの評価額の算出は，金融機関をはじめとした外部の専門家に委託することが一般的だと説明しました。シンクタンクや信託銀行などがこのようなサービスを提供しています。

　しかし，専門家を利用しているからといって，ストック・オプションの発行会社側が，評価額の算定に係る内部統制を一切構築する必要がないというわけではありません。

　もちろん，算定モデルが妥当なものであるかどうか，計算結果が正確であるかどうかまで検証できればそれに越したことはありませんが，少なくとも，外部の専門家に提出した基礎データが間違っていないか，算定結果の記載された報告書に載っている基礎データが提出したものと整合しているかどうか，そもそも委託先である専門家の信頼性は高いかどうかなどについては検討して文書化しておくことが望まれます。

　純粋な計算過程は外部に委託したとしても，その前後の工程における内部統制を構築する責任は，発行会社にあるといえます。

§7 ストック・オプションの税務処理

新株予約権の税務処理の着眼点は3つあります。

着眼点1 課税対象 となる者	・新株予約権を取得する個人 ・新株予約権を取得する法人 ・新株予約権を発行する法人
着眼点2 新株予約権の 種類	・時価発行の新株予約権 ・税制適格となる有利発行の新株予約権 ・税制非適格の有利発行の新株予約権
着眼点3 課税の可能性 のある タイミング	・新株予約権を取得(付与)した時 ・新株予約権を権利行使し,株式を取得(発行)した時 ・株式を売却した時

税務処理の着眼点は3つ！

7−1 所得税の考え方①

個人が時価発行の新株予約権を取得した場合

　新株予約権にはさまざまな種類があり，税務の対応も1つではありません。まずは新株予約権取得に際し，新株予約権の時価に相当する金銭が支払われる場合（例　金融商品である新株予約権）の税制を見ていきましょう。

　新株予約権の取得者が個人の場合には，所得税が関係します。所得税法上では，原則，新株予約権も他の有価証券と同様の取扱いとなります。

　つまり新株予約権が時価により発行された場合（**時価発行**），贈与や経済的利益等の問題が生じません。このため，取得時に課税関係は生じない，すなわち，新株予約権は課税対象となりません。

　権利行使時には，経済的利益（株式の時価−行使価格）が生じますが，課税されません。「株式をある条件で購入できるオプションを有償で取得した」という取引は，デリバティブ取引に該当しますが，デリバティブ取引の課税は決済時（株式譲渡時）になるための措置と考えられます。課税関係が生じるのは，他の有価証券と同様，売却時で，売却益が譲渡所得として課税されます。

> **Key Word　譲渡所得**
> 　譲渡所得とは，資産を譲渡した（たな卸資産のように営利を目的とした継続的なものを除く）場合にかけられる所得税です。そのなかでも有価証券の譲渡の場合は，他の所得と通算がされません。その点が給与所得と大きく異なるところです。

§7 ストック・オプションの税務処理　125

個人が時価発行の新株予約権を取得した場合の課税関係

権利取得時→課税関係なし
権利行使時→課税関係なし
株式売却時→譲渡所得に課税される（税率20％*3）

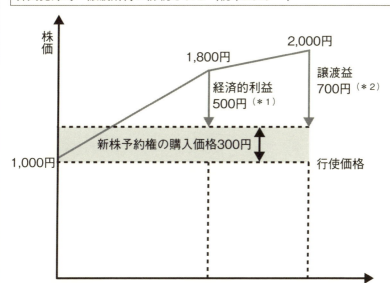

①権利取得時　新株予約権を時価300円で取得
②権利行使時　経済的利益500円には課税されない
③株式売却時　譲渡所得700円に課税される

（*1）　500円＝1,800円－1,000円－300円
（*2）　700円＝2,000円－1,000円－300円
（*3）　所得税15％＋住民税5％。ただし、2037年まで復興特別所得税0.315％が加算される。

個人が時価発行の新株予約権を取得した場合は、課税は売却時までなし。

7-2 所得税の考え方②

個人が有利発行の新株予約権を取得した場合

次に新株予約権が**有利発行**の場合の所得税を考えてみましょう。**税務上の有利発行**とは、新株予約権を時価より安い価格で発行することをいい、財やサービスの対価に相当する金額を加味する**会社法上の有利発行**とは異なります。つまり、会社法上は新株予約権の価値に見合った労働が提供されると考えますが、税務上では労働の対価は価値として捉えず、新株予約権を有利に取得したと考えます。

この場合の「取得者が得る利益」と「税金が課されるタイミング」を右ページのグラフと合わせて見てみましょう。

時価より安く新株予約権を取得するので、①**付与時に経済的利益が生じるものの、この時点では課税関係は生じません**。所得税の課税関係が生じるのは②権利行使時（株式取得時）です。これは取得者である個人が権利取得時に経済的利益（新株予約権の時価－取得価額）の金額を把握するのが困難であることへの配慮と考えられています。

②権利行使時には、経済的利益（株価－行使価格）に対して課税されます。所得税の種類は、右ページのように会社と取得者との関係により異なります。たとえば取得者が取締役・使用人等、委託・雇用関係がある場合は、給与所得（または退職所得）、取引先である場合、事業所得等となります。

③株式売却時には譲渡益に税率20％の所得税が課税されます。

なお有利発行の新株予約権の取扱いは、役務提供の対価としての新株予約権、すなわち無償ストック・オプションについても同様に適用されます。

有利発行のストック・オプションの課税関係

ストック・オプション付与時→課税関係なし
権利行使時→下記の所得として課税される
　取締役・使用人：給与所得（または退職所得）
　事業に関連し付与（コンサルタント）：事業所得，雑所得等
　上記以外の者：雑所得
株式売却時→譲渡所得に課税される（税率20％）

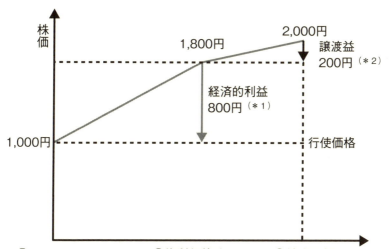

① ストック・オプション付与時課税なし
② 権利行使時経済的利益800円が給与所得等として課税される
③ 株式売却時譲渡所得200円に課税される

（＊1）　800円＝1,800円－1,000円
（＊2）　200円＝2,000円－1,800円
（＊3）　上記は行使価格が付与時の時価の場合。
　　　　株式報酬型ストック・オプションは，
　　　　行使価格が1円となるケースが多い。

権利行使時の利益に課税されると，
株をまだ売っていないから
手元にお金がないんだ…。辛い。

7-3 所得税の考え方③

個人が税制適格ストック・オプションを取得した場合

　ストック・オプションの「権利行使時」には，権利行使の払込資金に加え，納税資金まで負担が必要です（§7-2）。これは権利行使者からすると，一時に多額の現金が必要になり大変ですね。

　そこでストック・オプションをより効果的に利用できるように税制の優遇措置が創設されました。優遇措置を受けるには一定の適格要件（§7-4参照）が求められ，これを満たすものを**税制適格ストック・オプション**，満たさないものを税制非適格ストック・オプションといいます。

　適格要件を満たす場合は，①付与された時だけではなく，②**権利行使時にも，経済的利益への課税は行われません**。③株式売却時に初めて課税関係が生じ，売却益に譲渡所得が課税されます。

　税制適格ストック・オプションのメリットは，課税のタイミングだけではありません。**税制適格ストック・オプション**では，課税が株式売却時まで繰り延べられた結果，**給与所得等としてではなく，譲渡所得として課税**されます。給与所得の課税税率は超過累進税率ですが，株式の譲渡所得の課税税率は20％ですので，もともと付与者の所得水準が高い場合や経済的利益の額が多いため所得が高くなる場合には，税額としても税制適格ストック・オプションのほうが有利になります。

税制適格ストック・オプションの課税関係

ストック・オプション付与時→課税関係なし
権利行使時→課税関係なし
株式売却時→譲渡所得に課税される（税率20％）

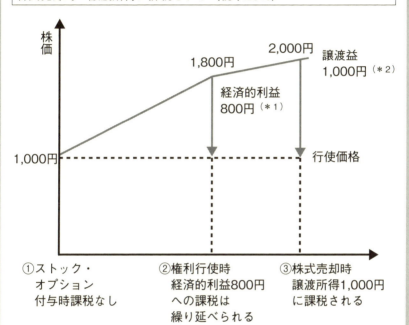

(＊1) 800円＝1,800円－1,000円
(＊2) 1,000円＝2,000円－1,000円

所得税の考え方④

税制適格ストック・オプションの適格要件／所得税の考え方のまとめ

　税制適格ストック・オプションは課税が繰り延べられる優遇措置（§7-3）で，下記の適格要件があります。

① ストック・オプションのオプション料が無償
② 権利行使期間は権利付与決議の日後，2年を経過した日から10年を経過する日までの間に行われなければならない
③ 年間の権利行使価額の合計額は1,200万円以下（＊1）
　　（＊1）　令和6年度税制改正により，設立の日以後5年未満の会社が付与する新株予約権については2,400万円に，設立の日以後5年以上20年未満の会社のうち①非上場会社等又は②一定の上場等以後5年未満の上場会社が付与する新株予約権については3,600万円に限度額が引き上げ
④ 権利行使価額は契約締結時の株式時価以上
⑤ 譲渡は禁止
⑥ 取得した株式は証券会社等に保管を委託（＊2）
　　（＊2）　令和6年度税制改正により，交付株式が譲渡制限付株式であり，その株式を発行会社自体が管理する場合は保管不要
⑦ 適用対象者は発行会社の取締役・使用人等または発行会社の子会社等の取締役・使用人等で，大株主（＊3）および監査役は対象者から除かれている（中小企業等経営強化法に基づく一定の社外協力者を含む）
　　（＊3）　大株主：議決権の1/3超（上場会社は1/10超）
⑧ 「新株予約権の付与に関する調書」を当該ストック・オプションを付与した日の属する年の翌年1月31日までに税務署に提出

　かなり厳格な要件なので，適用の際には，要件をクリアしているか綿密な検討が必要です。

個人が新株予約権を取得した場合の課税関係

		新株予約権取得時	権利行使時	売却時
時価発行の新株予約権		所得税の課税なし	所得税の課税なし	所得税の課税あり 【譲渡所得】 〈売却益課税(*)〉
		〈新株予約権の取得価額〉 払込価額＋付随費用	〈株式の取得価額〉 新株予約権の取得価額＋権利行使価額	同左
有利発行の新株予約権	税制非適格	所得税の課税なし	所得税の課税あり 【給与所得，退職所得等】 〈経済的利益課税〉 利益＝権利行使時の株式の時価－(新株予約権の取得価額＋権利行使価額)	所得税の課税あり 【譲渡所得】 〈売却益課税(*)〉
		〈新株予約権の取得価額〉 払込価額＋付随費用	〈株式の取得価額〉 権利行使時の株式の時価	同左
	税制適格	所得税の課税なし (利益等が生じていないため)	所得税の課税なし (経済的利益課税の繰延べ)	所得税の課税あり 【譲渡所得】 〈売却益課税(*)〉
		〈新株予約権の取得価額〉 払込価額＋付随費用	〈株式の取得価額〉 新株予約権の取得価額＋権利行使価額	同左

(*) 売却益＝売却価額－株式の取得価額

7-5 法人税の考え方①

法人が新株予約権を取得した場合の課税関係

　新株予約権の取得者が法人である場合には，法人税の課税関係が生じます。個人の所得税の場合と同様，法人税法上でも基本的に新株予約権は他の有価証券と同様に取り扱われます。

　ただし，時価発行の場合と有利発行の場合で，取扱いが異なります。時価発行の場合は，個人の場合と同様，時価で新株予約権を買うことにより贈与・経済的利益取得等の問題が生じないため，取得時・新株予約権の権利行使時には課税関係は生じず，売却時に売却益に法人税が課税されます。

　一方で，有利発行の新株予約権については，取得時に得た経済的利益「新株予約権の時価－新株予約権の払込価額」は受贈益として法人税課税が行われます。取得者が個人の場合の課税時点は，権利行使時に繰り延べられて（§7-2参照）おり，扱いが異なりますが，これは法人のほうが個人より，厳格な課税を要求されるためと考えられます。

　新株予約権の権利行使時には，取得時に経済的利益の課税が行われており，新株予約権自体の課税は済んでいると考えられるため，法人税の課税関係は生じません。

　売却時には，売却益（売却価額－取得価額）に対し所得税の譲渡所得が課税されます。これは時価発行の場合と同じです。

法人が新株予約権を取得した場合の課税関係

	新株予約権取得時	権利行使時	売却時
時価発行の新株予約権（＊）	法人税の課税なし	法人税の課税なし	法人税の課税あり〈売却益課税〉売却益＝売却価額－株式の取得価額
	〈新株予約権の取得価額〉払込価額＋付随費用	〈株式の取得価額〉新株予約権の取得価額＋権利行使価額	同左
有利発行の新株予約権	法人税の課税あり〈経済的利益課税〉利益＝取得時の新株予約権の時価－（払込価額＋付随費用）	法人税の課税なし	法人税の課税あり〈売却益課税〉売却益＝売却価額－株式の取得価額
	〈新株予約権の取得価額〉新株予約権の時価（払込価額＋付随費用＋経済的利益）（＊）	〈株式の取得価額〉新株予約権の取得価額＋権利行使価額	同左

（＊） 新株予約権の時価は，ブラック・ショールズ・モデル等（§6参照）に準じて算定する。

時価発行の新株予約権の経済的利益の課税は，法人は取得時，個人は権利行使時。

7-6 法人税の考え方②

発行法人の課税関係

新株予約権を個人に発行した場合の発行法人の法人税の課税関係は，下記の3つのケースに分類されます。

① **時価発行した場合**

新株予約権を時価発行した場合（§7-1），会計上も税務上も「新株予約権の払込金額」を**新株予約権**に計上し，権利行使時に「新株予約権の取得価額＋権利行使価額」を資本金等に振り替えます。いずれも**資本取引で損益は発生しないため，課税所得も認識しません**。

② **有利発行－税制非適格の場合**

有利発行のうち，税制非適格ストック・オプション（§7-2）の場合，会計上，発行法人は新株予約権の時価価値を株式報酬費用として費用計上することになりますが，**費用計上時には損金算入は認められません**。損金算入が認められるのは，取得者が給与所得等として課税された時点で，ストック・オプションの権利行使がされ，**取得者に給与所得等が課税されるタイミングで，発行法人も損金算入を行うことができます**。

③ **有利発行－税制適格の場合**

税制適格ストック・オプション（§7-3）の場合も，会計上は，発行法人は新株予約権の時価価値を株式報酬費用として計上します。しかし税制非適格ストック・オプションと異なり，取得者は発行時にも権利行使時にも課税されず，売却時にキャピタルゲイン課税がなされます。つまり**取得者に給与所得としての課税はなされず，発行会社は損金算入できない**，つまり，会計上の費用は永久差異となってしまいます。

法人が新株予約権を個人に発行した場合の課税関係

■時価発行により新株予約権を個人に発行した場合

発行時,権利行使時において,会計上は費用は発生せず,税務上も課税関係は生じない。

■税制非適格ストック・オプションを個人に発行した場合

費用計上時		権利行使時	
会計上	税務上	会計上	税務上
公正価値（＊）	損金算入できない（一時差異）	費用計上なし	一括で損金算入

→ 取得した個人は,経済的利益が給与所得等として課税される。

■税制適格ストック・オプションにより個人に発行した場合

費用計上時		権利行使時	
会計上	税務上	会計上	税務上
公正価値（＊）	損金算入できない（永久差異）	費用計上なし	－

→ 取得した個人は,経済的利益の課税は生じない。

（＊） 未上場企業においては新株予約権の本源的価値（発行時の株式の評価額－権利行使価格）

Check! 有償ストック・オプションの税務上の取扱い

従業員等に付与される権利確定条件付き有償ストック・オプション（§5参照）の株式報酬費用（§5-8）の税務上の取扱いは,①有利発行の税制非適格として捉えられて,従業員等が給与所得等として課税され,発行法人側も損金算入されるか,②従業員側が給与所得等として課税されず,発行法人側も損金算入されず永久差異となるか,意見が分かれるところです。今後の通達等が待たれます。

7-7 法人税の考え方③

発行法人における役員と従業員の取扱いの相違点

　税制非適格のストック・オプションの発行法人では，一時差異にはなるものの，取得者が給与課税等をされるときに損金算入できると説明しました（§7-6）。ただし，取得者が役員の場合は，損金算入にならない場合もあります。

　まず一般的な給与の場合，従業員に対する給与は，原則，全額損金算入となります。一方，役員に対する給与は，一般にA定期同額給与，B事前確定届出給与，C利益連動給与を除き，原則，損金算入ができません。

　新株予約権の場合はどうかというと，以下の条件に該当する場合，B事前確定届出を条件に損金算入することができるようになりました（平成29年度税制改正）。

> ① 確定額の金銭債権に対して交付されるもので，業績連動要件が付されていないこと
> ② 付与内容が市場価格のある株式等であること
> ③ 付与対象者が上場企業の役員または子会社の役員であること

　税制非適格ストック・オプションの内容が①〜③を満たさない場合は，原則に立ち戻り，役員に対する部分については損金算入ができません。

注　新株予約権発行に係る機関決定日から1カ月以内に「事前確定届出給与に関する届出書」を納税地の所轄税務署長に提出が必要。
　　ただし，株主総会から1カ月以内に取締役会が交付を決定した新株予約権に係るものについては届出書の提出は不要。

税制非適格ストック・オプションの発行法人の課税関係

　給与課税等をされる場合には，付与対象者が従業員か役員か，また役員の場合，条件により取扱いが異なる。付与対象者が従業員または役員の場合，どのような取扱いになるか，フローチャートで確認しよう。

Start：ストック・オプションの付与対象者は，従業員か？
※役員の場合は，Noに進む

- Yes → 原則，全額損金算入
- No → 下記の両方を満たすか？
  ・確定額の金銭債権に対して交付される
  ・業績連動要件が付されていない
  - No → 原則，全額損金不算入
  - Yes → 付与内容が市場価格のある株式等か？
    - No → 原則，全額損金不算入
    - Yes → 付与対象者は，該当株式を発行する上場企業の役員または子会社の役員か？
      - No → 原則，全額損金算入
      - Yes → 事前確定届出書を一定期限までに納税地の所轄税務署長に届け出ているか？
        - Yes → 原則，全額損金算入
        - No → 株主総会から1ヵ月を経過する日までに取締役が交付を決定したストック・オプションか？
          - Yes → 原則，全額損金算入
          - No → 原則，全額損金不算入

（法人税法第34条第1項第2号，同第54条の2第1項より）

上場会社等の一定新株予約権の役員給与損金算入の取扱いは，事前確定届出給与の要件を満たす必要あり。

7-8 法人税の考え方④

発行法人の新株予約権失効時、税効果会計の取扱い

　発行法人では、新株予約権が失効した場合には、会計上は新株予約権を取り崩して利益を計上します(*)。一方、税務上はストック・オプション発行時に株式報酬費用を損金算入していないため、会計上、新株予約権取崩益が計上されても、益金の額に算入しません。

　このように株式報酬費用は、会計と税務の取扱いが異なるうえ、税制適格ストック・オプションと税制非適格ストック・オプションで、株式報酬費用が損金になるか否かに違いが出る（§7-6）ため、税効果会計の取扱いに留意が必要です。

　税制適格ストック・オプションでは、会計上、費用計上した株式報酬費用が、税務上では永久差異となります。また、失効時の取崩益は益金不算入となりますが、こちらも永久差異です。すなわち、いずれの場合も税効果会計の対象となりません。

　一方、税制非適格ストック・オプションは、会計上計上した株式報酬費用を権利行使時までは損金算入することができません。つまり、費用計上時に将来減算一時差異となるため、税効果会計の対象となります。

(*) 権利確定前の場合は、株式報酬費用の修正。

税制適格ストック・オプションと税効果会計の関係

■税制適格ストック・オプションの取扱い

	会計上	税務上
新株予約権の付与時・勤務期間	費用計上	損金算入できない【永久差異】
新株予約権の失効時	新株予約権取崩益を計上	新株予約権取崩益は益金算入されない【永久差異】

■税制非適格ストック・オプションの取扱い

	会計上	税務上
新株予約権の付与時・勤務期間	費用計上	損金算入できない【将来減算一時差異】
新株予約権権利行使時	—	損金算入（取得者の給与等に課税されるため）【将来減算一時差異を解消し，繰延税金資産を取り崩す】
新株予約権の失効時	新株予約権取崩益を計上	新株予約権取崩益は益金算入されない【将来減算一時差異を解消】

税制適格ストック・オプションの会計処理は永久差異で，税効果会計の対象外なんだ。

7-9 リストリクテッド・ストックの考え方

発行法人の税務上の取扱い

　リストリクテッド・ストックは役員等に自社株式または親会社株式を報酬として付与するものです（§2-9）。付与に際しては，一定期間の譲渡制限と解除事由（所定期間の継続勤務，良好な勤務状態，法人の業績指標の達成等）を設けることで，付与対象者のモチベーションを上げることを目的とします。業績向上に向けたインセンティブという点，株価連動という点がストック・オプションと似ています。

　発行法人は，会計上，リストリクテッド・ストックの付与時に株式の時価に相当する報酬債権（役務の提供の対価としてその個人に生ずる債権）を認識するとともに，現物出資（金銭以外の物による出資）として資本金等を増加させます。報酬債権は譲渡制限期間内で合理的に費用計上します。

　税務上は，費用計上時には損金算入することができず，付与対象者の所得税の課税所得時(*)に損金算入されます。なお，役員報酬は事前確定給与（§7-7）の対象となりますが，税務署への届出は不要です。

　付与対象者の課税のタイミングは，付与時や発行会社の費用計上時ではなく，**譲渡制限解除時**です。さらに課税対象額は，付与時でなく，**譲渡制限解除時の株式の時価**に相当する金額が**所得税の給与所得等**として**課税**されます。つまり，発行法人側が役務提供の対価として損金に算入する金額と，付与される役員・従業員が課税される所得金額とは異なることになります。

（*）譲渡制限が解除された時（付与者が株式を取得した時）。

リストリクテッド・ストックとは？

- ・当該会社か親会社の株式を付与
- ・普通株式か種類株式の新株発行，自己株式の処分
- ・役員による債権の現物出資。発行する株式が発行済み株式総数の１／10以下なら検査役不要

- ・制限解除時の価額で役員報酬が支払われたとみなされ，課税される
- ・インサイダー規制に留意

譲渡制限期間

株式付与 → 制限解除

- ・業績未達成，退職などで会社が無償で特定譲渡制限付き株式を取得
- ・会社と役員間の契約で設定

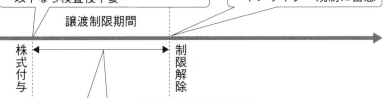

株式保有を続ける限り，中長期の株価向上インセンティブが継続

リストリクテッド・ストックの取扱い	
譲渡制限解除	一定期間
株式無償取得	・譲渡制限期間中の勤務継続や業績達成等の一定の条件を満たさない場合に，法人が株式を無償で取得する
法人税（損金算入要件）	・譲渡制限の解除日における報酬債権の金額（＝費用計上額）が損金となる ・役員に支給した一定の株式報酬の届出が不要となる事前確定届出給与の対象
所得税	・譲渡制限の解除日における株価×株数が所得となる ・源泉徴収義務が生じる

ベンチャー企業でのストック・オプションの活用

　ストック・オプションは上場会社のみではなく非上場会社でも発行します。特にベンチャー企業では，現状では十分な報酬・給与を支給する資金的な余裕がないので，報酬・給与の補填的意味合いでストック・オプションを役員・従業員に付与するケースが多いのです。優秀な人材を獲得するために，リクルートに活用するケースもあります。

　このように便利なストック・オプションですが，十分な知識のないままに自力で発行手続きをすると困った事態になりかねません。たとえば評価算定をしていなければ，有利発行として認定され，課税を受けるおそれがあります。また，税制適格ストック・オプションを発行しようとしたにもかかわらず，適格要件（§7-4）の思わぬ見落としがあり，税制非適格ストック・オプションとなってしまうこともあります。

　最近では，ストック・オプションのスキームの一つである信託型ストック・オプションが権利行使時に給与所得として課税されること等が国税庁より公表されました。また，税制適格ストック・オプションの株価算定ルールの改定が検討されています。(2023年5月31日現在)

　ストック・オプションの活用の際は，法律や会計の専門家に相談し，アドバイスを受けることが肝要です。

【監修者紹介】

山岸　聡（統括監修）

公認会計士。第4事業部で監査業務に携わる一方，品質管理本部会計監理部も兼務し，監査チームから会計処理に関するコンサルテーション業務にも関与している。書籍の執筆，研修会の講師多数。共著に「連結財務諸表の会計実務」（中央経済社），「減損会計の完全実務解説」（財形詳報社），「有価証券報告書のチェックポイント」（税務研究会出版局）がある。また，最近の著作として週刊経営財務で「Q&A監査の現場から」の責任者として全執筆者の原稿をレビュー。

飯田　傑（監修）

公認会計士。第2事業部に所属。
IFRS任意適用会社の監査業務に従事するとともに，上場支援業務に従事している。
共著に「M&AにおけるPPA（取得原価配分）の実務」（中央経済社）がある。

【執筆者紹介】

椎名　厚仁（§1）

公認会計士。第1事業部に所属。
製造業，情報サービス業の監査業務を担当するほか，日本公認会計士協会東京会監査委員会の委員も務める。監査法人勤務前は，情報サービス企業にシステムエンジニアとして従事。共著に「M&AにおけるPPA（取得原価配分）の実務」（中央経済社）がある。

浦田　千賀子（§2）

公認会計士。第2事業部に所属。
人材サービス業，ホテル業，通信販売業，メディア業等の監査，内部統制助言業務，上場準備支援業務等の他，雑誌への寄稿やセミナー講師も行っている。また，同法人のHP「企業会計ナビ」の編集委員として，会計情報の外部発信業務にも従事。
著書（共著）に，「図解入門ビジネス　最新株式公開の基本と実務がよーくわかる本」（秀和システム），「決算期変更・期ズレ対応の実務Q&A」，「図解でざっくり会計シリーズ1　税効果会計のしくみ（第2版）」，「取引手法別　資本戦略の法務・会計・税務」，「連結手続における未実現利益・取引消去の実務」（以上，中央経済社）などがある。

蟹澤　啓輔（§3）

公認会計士。第4事業部に所属。
主に不動産業，専門商社，レコード業，学校法人その他のパブリッククライアントの監査を担当。監査法人ホームページの企業会計ナビの企画運営や法人内外のセミナー講師などにも従事。共著に「勘定科目別不正・誤謬を見抜く実証手続と監査実務【新版】」（清文社），「3つの視点で会社がわかる「有報」の読み方（最新版）」，「図解でざっくり会計シリーズ③金融商品会計のしくみ」（以上，中央経済社）などがある。

門田　功（§4）

公認会計士。第1事業部に所属。
製造業，IT企業，総合商社等の監査のほか，IFRS対応業務に関与。
共著に「勘定科目別不正・誤謬を見抜く実証手続と監査実務【新版】」（清文社），「図解でざっくり会計シリーズ⑦　組織再編会計のしくみ」，「ケースから引く　組織再編の会計実務」，「設例でわかるキャッシュ・フロー計算書の作り方Q＆A」（以上，中央経済社）がある。

菊池　玲子（§5，ストック・オプションの流れ，用語，企画・編集・レビュー）

公認会計士。第4事業部に所属。
小売業，製造業，公益法人等の監査のほか，IPO支援業務，IFRS対応業務，地方公共団体の受託事業に関与。監査法人勤務前は，出版社にて編集に従事。共著に「図解でざっくり会計シリーズ④　減損会計のしくみ」「同⑨　決算書のしくみ」「図解でスッキリ会計　外貨建取引の会計入門」（以上，中央経済社）。また毎日新聞のウェブサイト「経済プレミア」に「キラリと光る経営者への道」を執筆。

尾田　智也（§6）

公認会計士・公認不正検査士。金融事業部に所属。
製造業や国際物流業，IT関連企業の会計監査業務や上場支援業務等を経験後，金融部門へ移籍し，地方銀行の会計監査業務に従事。近年は，大手銀行および全国の金融機関に対する，組織開発・リスク管理態勢・業務プロセス改善に係るコンサルティングのプロジェクトマネージャーとして活躍。共著に，「自己株式の会計・法務と税務」（清文社）「こんなときどうする？引当金の会計実務」「図解でスッキリ　デリバティブの会計入門（以上，中央経済社）」など多数。
日本公認会計士協会　非営利法人委員会委員。

左近司　涼子（§7）

税理士。企業成長サポートセンターに所属。
当法人に入所後10年間，週2・3日大手証券会社に駐在。資本政策の策定，事業承継対策プランの作成に従事。その後，資本政策・経営承継コンサルティングなどのトータル・アドバイザー等の業務を展開。金融機関，公的機関等の数多くのセミナー講師を担当。20年以上にわたりIPO予定会社の資本政策の策定アドバイスの業務に携わり，数百社の資本政策を手掛ける。共著に「社会に期待されつづける経営」（第一法規出版），「IPOをやさしく解説！上場準備ガイドブック」，「きらきら女性経営者をめざす『会社経営の教科書』」（以上，同文館），「スクイーズ・アウトと株価決定の実務」（新日本法規出版）がある。

【編者紹介】

EY | Assurance | Tax | Transactions | Advisory

新日本有限責任監査法人について

新日本有限責任監査法人は，EYの日本におけるメンバーファームです。監査および保証業務をはじめ，各種財務アドバイザリーサービスを提供しています。詳しくは，www.shinnihon.or.jp をご覧ください。

EYについて

EYは，アシュアランス，税務，トランザクションおよびアドバイザリーなどの分野における世界的なリーダーです。私たちの深い洞察と高品質なサービスは，世界中の資本市場や経済活動に信頼をもたらします。私たちはさまざまなステークホルダーの期待に応えるチームを率いるリーダーを生み出していきます。そうすることで，構成員，クライアント，そして地域社会のために，より良い社会の構築に貢献します。

EYとは，アーンスト・アンド・ヤング・グローバル・リミテッドのグローバルネットワークであり，単体，もしくは複数のメンバーファームを指し，各メンバーファームは法的に独立した組織です。アーンスト・アンド・ヤング・グローバル・リミテッドは，英国の保証有限責任会社であり，顧客サービスは提供していません。詳しくは，ey.com をご覧ください。

本書は一般的な参考情報の提供のみを目的に作成されており，会計，税務およびその他の専門的なアドバイスを行うものではありません。新日本有限責任監査法人および他のEYメンバーファームは，皆様が本書を利用したことにより被ったいかなる損害についても，一切の責任を負いません。具体的なアドバイスが必要な場合は，個別に専門家にご相談ください。

図解でスッキリ

ストック・オプションの会計・税務入門

2018年3月15日　第1版第1刷発行
2024年4月25日　第1版第8刷発行

編　者	新日本有限責任監査法人
発行者	山　本　　　　継
発行所	㈱中央経済社
発売元	㈱中央経済グループパブリッシング

〒101-0051　東京都千代田区神田神保町1-35
電話　03(3293)3371(編集代表)
　　　03(3293)3381(営業代表)
https://www.chuokeizai.co.jp
印刷／昭和情報プロセス㈱
製本／㈲井上製本所

ⓒ 2018 Ernst & Young ShinNihon LLC.
All Rights Reserved.
Printed in Japan

＊頁の「欠落」や「順序違い」などがありましたらお取り替えいたしますので発売元までご送付ください。(送料小社負担)

ISBN978-4-502-25781-0　C3034

JCOPY〈出版者著作権管理機構委託出版物〉本書を無断で複写複製(コピー)することは，著作権法上の例外を除き，禁じられています。本書をコピーされる場合は事前に出版者著作権管理機構(JCOPY)の許諾を受けてください。
　JCOPY〈https://www.jcopy.or.jp　eメール：info@jcopy.or.jp〉